ORIDES FONTELA
POESIA COMPLETA

copyright   Hedra
edição brasileira©   Hedra 2015

edição   Luis Dolhnikoff
coedição   Jorge Sallum
assistência editorial   Luan Maitan
revisão   Luan Maitan
capa   Julio Dui
imagem da capa   Inêz Guerreiro
ISBN   978-85-7715-371-8
corpo editorial   Adriano Scatolin,
Caio Gagliardi,
Jorge Sallum,
Luis Dolhnikoff,
Oliver Tolle,
Ricardo Musse,
Ricardo Valle,
Tales Ab'Saber

Grafia atualizada segundo o Acordo Ortográfico da Língua Portuguesa de 1990, em vigor no Brasil desde 2009.

Direitos reservados em língua portuguesa somente para o Brasil

EDITORA HEDRA LTDA.
R. Fradique Coutinho, 1139 (subsolo)
05416–011 São Paulo SP Brasil
Telefone/Fax +55 11 3097 8304

editora@hedra.com.br
www.hedra.com.br

Foi feito o depósito legal.

POESIA COMPLETA
Orides Fontela

1ª edição

hedra

São Paulo_2015

Sumário

Introdução, *por Luis Dolhnikoff*   7

POESIA COMPLETA   21

Transposição   23

Helianto   97

Alba   163

Rosácea   217

Teia   303

Poemas inéditos   389

Índice   419

Introdução
A áspera beleza da poesia que renovou o modernismo brasileiro

A poeta paulista Orides Fontela (1940-1998) surgiu na cena literária brasileira da segunda metade do século XX por meio de alguns dos nomes mais influentes das críticas literária e acadêmica (a começar de Antonio Candido). E se revelaria, afinal, a poeta mais importante de sua geração, que reúne autores mais conhecidos, ou menos desconhecidos, como Hilda Hilst, Adélia Prado, Roberto Piva e Paulo Leminski.[1] Entender os motivos da dissintonia entre sua importância e seu reconhecimento pode revelar algo ou muita coisa sobre o estado da poesia brasileira contemporânea, sua recepção pública e sua crítica.[2]

Quando descoberta por Davi Arrigucci Jr. através de um poema publicado no jornal de sua cidade, São João da Boa Vista, em 1965 (o que pouco depois resultaria em seu primeiro livro, *Transposição*, coorganizado por ele), Orides Fontela, sem

---

1. Nascidos nos anos 1930-40.
2. Este volume reúne todos os livros de poemas de Orides Fontela publicados, assim como uma pequena mas significativa coleção de 27 poemas inéditos, resgatada pelo biógrafo Gustavo de Castro em *O enigma Orides* (São Paulo, Hedra, 2015 [ganhador do Rumos Itaú Cultural 2013-2014]). Daí se tratar de sua poesia completa, salvo algum improvável novo achado póstumo. Cabe acrescentar que os dados sobre a vida e a vida literária de Orides referidos nesta introdução devem seu mérito ao trabalho de Gustavo de Castro. Os eventuais equívocos são todos do autor deste texto.

o saber, e à mais completa revelia de seus 25 anos, estava ou foi posta no centro do embate mais duro travado nas letras brasileiras desde as primeiras reações e rejeições ao Modernismo de 22.

Tratava-se da luta de vida e morte pela herança modernista, no palco armado pelos adeptos das novas vanguardas visualistas do final dos anos 1950 (das quais o concretismo era a mais visível), que pretendiam tirar de cena os defensores do verso *moderno*. Pois nada do verso tradicional restara depois da revolução modernista, que, entre outras coisas, aproximou a linguagem poética da sintaxe brasileira contemporânea, além de implodir, explodir e repudiar todas as formas antigas, incluindo estruturas (como a do soneto) e ritmos (como as medidas tradicionais de versos).

As novas vanguardas, então, vieram para dizer que o que o modernismo fizera ao revolucionar o verso estava feito e bem feito, mas não mais bastava. A revolução tinha de continuar. E, para tanto, sacrificar no altar do Novo o próprio verso modernista, que resultara, de um modo ou de outro, por caminhos e vieses múltiplos, na maior e melhor poesia brasileira, incluindo nomes como Carlos Drummond, João Cabral, Murilo Mendes, Ferreira Gullar e Vinicius de Moraes.[3] O verso modernista, po-

---

3. João Cabral de Melo Neto iniciou sua obra próximo do surrealismo e da "geração de 45". Em mais de um aspecto, portanto, muito longe do modernismo. Mas apenas se entendido como o Modernismo de 22. Pois Cabral não se engajou em um *"retour à l'ordre"* (para lembrar a expressão de Picasso ao voltar à figuração depois de ajudar a criar o abstracionismo, via cubismo), caso em que se deveriam encontrar, por exemplo, traços parnasianos em sua linguagem. Cabral, o "antilírico" por excelência, ou, dito de outro modo, um representante do "objetivismo", que engloba obras tão variadas como as de Wallace Stevens, Carlos Williams e Francis Ponge, é por isso mesmo um dos grandes representantes do modernismo internacional. No caso de Gullar, bastaria citar o *Poema sujo*, uma "lição de coisas" das in-

rém, apesar da potência então ainda inconclusa dessas obras, estava repentinamente morto — ao menos segundo as novas vanguardas visualistas. A poesia futura seria visual ou não seria.

A voz das novas vanguardas era alta. Suas teses, altissonantes. Suas obras, cada vez mais visíveis e vistosas. Mas ainda não bastava para calar parte importante da crítica, que ou rejeitava as novas obras e as novas teses ou, ao menos, rejeitava a nova tese de que a nova poesia visual não podia ou não devia conviver com o "velho" verso modernista, cuja longevidade fora mostrada, demonstrada e mantida pelas gerações posteriores à de 22.

Nesse quadro, um jovem poeta que, além de jovem em si, rejuvenescesse, revitalizasse ou renovasse o verso modernista seria, quase irresistivelmente, recebido e incensado por boa parte da mais importante crítica literária e acadêmica — que apesar de sua força e influência, sentia os duros golpes das novas e vigorosas vanguardas. Esse aguardado e, de alguma forma, buscado revitalizador do verso modernista brasileiro foi Orides Fontela.[4]

---

contáveis possibilidades do verso modernista. Vinicius, naturalmente, além dos justamente famosos sonetos, também se dedicou ao verso livre (e escreveu sonetos como "A pera").

4. Outro que parecia capaz de ocupar esse lugar foi Bruno Tolentino (1940–2007), notadamente em seu livro de estreia, *Anulação e outros reparos* (São Paulo, Massao Ohno, 1963, apresentação José Guilherme Merquior). Mas Tolentino, à diferença de Cabral, operou em seguida um verdadeiro "retorno à ordem" (literalmente): à ordem, ou estrutura, do soneto. Isto não torna sua obra menor, ao contrário, pois ele seria, ao lado de Nelson Ascher e Glauco Mattoso (sem esquecer, obviamente, Drummond, Vinicius e Jorge de Lima), um vigoroso renovador da longa tradição do soneto em português. Não poucos poemas de *A balada do cárcere* (Rio de Janeiro, Topbooks, 1996) e de *A imitação do amanhecer* (São Paulo, Globo, 2006) estão entre os gran-

Toda uma pequena mitologia envolve a obra de Orides. Em parte alimentada por ela própria, ao se declarar uma adepta da "inspiração", isto é, do espontaneísmo ou da espontaneidade (e não, portanto, da concepção, da construção e da elaboração do poema) e em parte por sua biografia intelectual, que tem dois marcos principais: o curso de filosofia na USP, o que a tornaria uma poeta filósofa, ou de uma poesia filosofante ou filosófica, e a dedicação ao budismo nos anos 1970, o que daria à sua obra um viés metafísico-oriental. Nada disso, porém, resiste minimamente aos fatos, ou seja, aos fatos de linguagem de sua poesia.

Como representante (maior) da última geração ainda modernista, ou seja, como uma renovadora do modernismo em seu final (não porque nos tenhamos tornado, depois, "pós-modernistas", mas porque depois nos tornamos diluidores de todas as conquistas poéticas do século XX; daí a fraqueza da poesia e dos poetas atuais), e como contemporânea das novas vanguardas surgidas nos anos 1950, Orides Fontela foi uma poeta antilírica, ao menos no sentido em que, se em sua poesia o eu lírico ainda tem vez, no entanto tem pouca voz, trocado pelo protagonismo da palavra. Isto a aproxima, afinal, das vanguardas visualistas, de que o fato de ser uma renovadora do modernismo deveria afastá-la. Ocorre que a história das formas não é linear, nem pura. Se há algo que Orides Fontela não faz, em todo caso, é uma poesia "abstratizante".

A poesia "abstratizante" é aquela que busca, consciente ou inconscientemente, restringir a condição referente da palavra. Há vários mecanismos para isso, como o uso cifrado, idios-

---

des sonetos da língua portuguesa. E sua língua é o português brasileiro contemporâneo.

sincrático, para "iniciados", o vocabulário esdrúxulo, os neologismos injustificados, as apropriações extraculturais, os estrangeirismos "de butique" (ou da moda) etc.[5] Orides Fontela chama esse tipo de linguagem poética, já muito difundida em sua época (e hoje dominante na poesia brasileira) de "barroquista". Com qualquer nome, trata-se de marca e sintoma de uma poesia que perdeu a força e o sentido das poéticas "duras" das muitas vanguardas do século passado, daí se tornando incapaz, ou pouco capaz, de dar conta poeticamente das complexidades do mundo contemporâneo; daí, enfim, sua relativa irrelevância.

Se Orides Fontela não era "abstratizante" nem era visualista, reforça-se a percepção de ter sido uma renovadora do modernismo. O que por sua vez reforça a importância incontornável de sua obra, pois depois dela e de sua geração, seria o dilúvio da diluição em meio à grande confusão contemporânea.[6]

Apesar do referido protagonismo da palavra, há ainda em sua poesia uma perceptível presença do eu-lírico — e também de um "nós" arriscado. Pois o fragmentário mundo contem-

---

5. "Abstratizante" porque, apesar dos esforços, não há uma verdadeira poesia abstrata, à diferença da pintura. A palavra *casa* refere-se a uma casa ou a todas as casas ou à ideia de casa, mas não pode se referir a nada, ou melhor, a si mesma, ao contrário de uma mancha de tinta, que é assemântica, ou nula de qualquer *referência* a algo que lhe seja externo (*re-ferir*, do grego *foréo*, levar, voltar-se para); e se não há referência, há abstração, isto é, a separação, o isolamento do signo (do latim *abstrahere*, separar).

6. Naturalmente, sempre há exceções, condição mesma para haver a regra. Aqui, bastaria citar um nome, Régis Bonvicino, caso quase único de um poeta cuja linguagem encara de frente a feiura complexa do mundo contemporâneo. A vasta maioria, por outro lado, decaiu em certo "autismo" satisfeito (a "poesia para mim mesmo" — e para os meus pares), ou nessa outra forma de "autismo" poético que é a poesia "abstratizante".

porâneo já não reconhece facilmente nenhum plural comum, tampouco uma individualidade segura: tudo o que era sólido se desmanchou no ar, para lembrar a famosa frase de Marx. Daí esse *eu* e esse *nós*, na poesia de Orides Fontela, conviverem com uma presença ainda mais forte de imagens de rarefação e desfazimento, de que a reiterada palavra "ar", ao lado de outros signos de dissolução e antissolidez, como "pássaro", são marcas constantes. Na verdade, se alguma coisa é de fato sólida em sua poesia, para além da densidade de sua linguagem, é a crua clareza da lucidez.

"Destruição" aparece já em seu livro de estreia, de 1969:

> A coisa contra a coisa:
> a inútil crueldade
> da análise. O cruel
> saber que despedaça
> o ser sabido.
>
> A vida contra a coisa:
> a violentação
> da forma, recriando-a
> em sínteses humanas
> sábias e inúteis.
>
> A vida contra a vida:
> a estéril crueldade
> da luz que se consome
> desintegrando a essência
> inutilmente.[7]

---

7. *Transposição* (São Paulo, edição autoral, 1969).

No outro extremo de sua obra, um de seus últimos poemas, "Da poesia" (1996), sintetiza fortemente sua poética:

> um
> gato tenso
> tocaiando o silêncio[8]

Orides Fontela era uma leitora de Heidegger (a quem lia, segundo suas próprias palavras, não como filósofo, mas como uma espécie de "poeta em prosa"). Mas se for de fato inevitável, ou necessário, aproximar sua poesia de alguma filosofia, é preciso pensar em Wittgenstein. Pois um dos temas mais caros a essa poesia é o da relação da palavra com o calar, com o calado, além daquela das palavras com as coisas e das coisas com o silêncio: a poesia é, seria ou deveria ser uma possibilidade de trânsito, de transporte entre tudo isso (daí o referido título de seu primeiro livro, *Transposição*).

> Não há perguntas. Selvagem
> o silêncio cresce, difícil.[9]

Para além do modernismo brasileiro, a obra de Orides também se reporta ao alto modernismo internacional, de que William Carlos Williams é um dos nomes mais fortes. Ao se ler "Da poesia", é inevitável pensar em *"Poem"*: *"as the cat / climbed over / the top of // the jamcloset / first the right / forefoot // carefully / then the hind / stepped down // into the pit of / the empty / flower pot"*.[10] O gato da poesia, para Williams, é alta-

---

8. Poema inédito, resgatado por Gustavo de Castro (ver nota 2).
9. "Esfinge". In *Rosácea*. São Paulo, Roswita Kempf, 1986.
10. Acessível em <http://goo.gl/A1yeLo> ("o gato / ao agarrar-se / no alto do // armário / primeiro a / pata / direita // com cuidado / depois a traseira / depôs // no cavo do / vazio / vaso de flores" [trad. L. D.]).

mente articulado, e aciona uma trama complexa de ressonâncias em seu silêncio factual. Por exemplo, a palavra *jamcloset*, que abre a segunda estrofe, ecoa os vários *tt* finais mudos dos versos (a partir da própria palavra-tema, *cat*), para então ecoar na tripla aliteração final, *pit-empty-pot*. Ao mesmo tempo, a estrutura e o ritmo do poema, definidos por seus cortes, são também definidos por essas recorrências sonoras, que os cortes dos versos expõem. Já o gato poético de Orides é mais tenso, mais contido, mais potência do que verdadeira possibilidade de realização. Poucos poemas metalinguísticos poderiam ser mais (poderosamente) sintéticos. E poucos trariam em tão parca matéria vocabular (apenas seis palavras) tal matéria poética redivivamente moderna — isto é, construtivista. A trama sonora não é menos densa que a de Williams: GATO está em anagrama em TOCA*iando*, e *tenso* é uma assonância forte de *silêncio*. Mas Orides diz mais com menos, ou seja, depura as lições do alto modernismo. É verdade que este, assim como o próprio modernismo brasileiro, atingiu eventualmente os limites máximos da síntese, como no famoso "Amor // humor" de Oswald, ou como nos poemas de palavras desmontadas de Cummings. Mas, em primeiro lugar, a síntese de Orides não fica nada a dever à máxima tensão sintética dos modernismos; em segundo lugar, ela usa essa tensão/contenção em uma poesia cuja matéria formal informa e conforma densamente o material semântico. Em suma, Orides Fontela se apropria das lições mais radicais dos modernismos e com elas cria uma poesia cuja ambiência não é mais a da irônica iconoclastia ainda antiburguesa (apesar das simpatias pela técnica) do início do século XX, mas a do amargo e duro ceticismo do final desse mesmo século, cujo centro fora dominado pela catástrofe.

Deus existir
ou não: o mesmo
escândalo.

Notar o corte polissêmico em *mesmo*: pois a pausa evoca a frase "[dá no] mesmo" (Deus existir ou não), antes de a palavra afinal resultar em adjetivo de "escândalo".[11]

O domínio do corte significativo e significante (e por isso tantas vezes polissêmico) é outra marca da maestria poética de Orides Fontela, e outra lição do modernismo que ela retoma, revitaliza e repotencializa. Se o verso livre, o abandono da métrica constante, e mesmo de toda métrica, dando afinal lugar ao prosaísmo (presente e evidente tanto em Drummond quanto em Bandeira, além de dominante em Mário de Andrade, entre outros), foi um dos principais mecanismos da revolução poética modernista, sua vulgarização e sua diluição se tornaram parte importante do *laissez-faire* da poesia contemporânea. Entre um e outro, a poesia e a poética de Orides emergem como um ponto equidistante de adensamento.

"Como as palavras permanecem as mesmas, é por sua disposição que o estilo é construído. A disposição das palavras é: sintaxe". Não há nada de especialmente inovador nesta afirmação de Mallarmé.[12] Na verdade, ele está sendo tão somente etimológico: *sintaxe*, do grego *syntáxis* (σύνταξις), significa ordenação (*táxis*) conjunta (*syn*) — ou seja, coordenação, organização, disposição. Daí se entende outra famosa afirmação de

---

11. "Teologia II", poema inédito.
12. "*Comme les mots demeurent les mêmes, c'est par leur disposition que le style se construit. Le disposition des mots est: la syntaxe*". In Pamela Marie Hoffer. *Reflets Réciproques — A Prismatic Reading of Stéphane Mallarmé and Hélène Cixous*. New York, Peter Lang Publishing, 2006, p. 18.

Mallarmé: "Sou profunda e escrupulosamente sintaxeador". O poeta é um organizador, na verdade, um reorganizador das palavras — e um grande poeta, em consequência, é um renovador da sintaxe. Pois não se trata mais, ou não se tratou jamais, de meramente construir belas frases de medida e ritmo precisos, mas de fazer com as palavras o que a língua e a prosa correntes não fazem — sem, no entanto, tornar-se por isso obscuro, o que seria fácil e, provavelmente, inútil. O próprio Mallarmé conclui que, por ser "escrupulosamente sintaxeador", sua poesia é "desprovida de obscuridade".[13] A renovação criteriosa da sintaxe faz a poesia, e faz da poesia um ato de renovação compreensível da sintaxe.

> Mas para que serve o pássaro?
> Nós o contemplamos inerte.
> Nós o tocamos no mágico fulgor das penas.
> De que serve o pássaro se
> Desnaturado o possuímos?
>
> O que era voo e eis
> que é concreção letal e cor
> paralisada, íris silente, nítido,
> o que era infinito e eis
> que é peso e forma, verbo fixado, lúdico
>
> O que era pássaro e é
> o objeto: jogo
> de uma inocência que
> o contempla e revive

---

[13]. "*On s'aperçoit que je suis profondément et scrupuleusement syntaxier, que mon écriture est dépourvue d'obscurité*". Idem, p. 17.

— criança que tateia
no pássaro um
esquema de distâncias —

Mas para que serve o pássaro?

O pássaro não serve. Arrítmicas
Brandas asas repousam.

"O que era pássaro e é / o objeto": o esperado, ou "natural", seria que se mantivesse a mesma categoria genérica, *pássaro* x *objeto*, um pássaro tornado um objeto, porém o poema contrapõe o genérico ao particular, ao antepor o artigo definido ao segundo termo da equação verbal, *pássaro* x *o objeto*, em uma múltipla transmutação, de ser vivo em coisa, de condição (ser pássaro) a ser uma coisa em particular, de ter sido no passado a ser no presente.

A Orides Fontela da última fase, apesar de tudo, talvez reduzisse esse poema aos seus versos finais: "O pássaro não serve. Arrítmicas // Brandas asas repousam". Mas o fato é que o poema como publicado já continha, em 1965, todos os elementos de uma linguagem poética potente, feita de um grande domínio da frase, do ritmo, do vocabulário e das imagens, a ponto de não poderem ser facilmente aproximados ou subsumidos a qualquer grande poeta anterior, que a poeta estreante estivesse tentando emular ou superar. E como tal foram prontamente reconhecidos por Davi Arrigucci Jr., que leu por acaso o poema em um jornal, e por Antonio Candido, a quem Arrigucci, então estudante em São Paulo, mostrou-o em seguida. A publicação do poema pelo jornal *O município*, de São João, levaria em seguida a jovem poeta para as páginas do Suplemento

Literário de *O Estado de São Paulo*, então editado por Décio de Almeida Prado, e para a edição de seu primeiro livro. Também a levaria para São Paulo, para a USP, para o curso de filosofia, para o contato e a convivência com parte importante da intelectualidade e da crítica paulistanas e para o pronto reconhecimento de sua grande relevância para a poesia brasileira contemporânea (seu terceiro livro, *Alba*, de 1983, traria um prefácio particularmente elogioso de Antonio Candido — além de, incidentalmente, ganhar o Jabuti de 1984).

Nada disso, no entanto, tornaria sua obra minimamente popular, mesmo considerando o mínimo de popularidade que é o parâmetro habitual da poesia. Basta comparar seu nome aos de seus contemporâneos Adélia Prado, Hilda Hilst, Roberto Piva e, principalmente, Paulo Leminski.

Uma das diferenças é que cada um, a seu modo, soube ou pôde mobilizar um menor ou maior círculo de cultores, não de todo incompreensivelmente. Adélia Prado é uma espécie de palatável Drummond de saias, ou uma "drummondiana" feminina-levemente-feminista, e tanto o ser uma coisa como a outra é um tanto quanto simpático para parte do público e da crítica; Hilda Hilst construiu, malgrado ela mesma, certo mito de poeta incompreendida, mas não necessariamente incompreensível, ao contrário, pois afinal se reportava ao tardorromantismo, com sua mistura de poemas de amor, misticismo & mistério, e o tardorromantismo, para parte importante do público, é, de certa forma, a "verdadeira" poesia, a mais "genuína", porque mais próxima da "alma" do poeta — portanto, da "essência" da poesia; Roberto Piva é um caso de certo modo semelhante, ainda que em chave militantemente contracultural (e também por isso). Paulo Leminski é um caso à parte e, de alguma maneira, o mais antitético (e o mais antiteticamente esclarecedor) ao de Orides Fontela. Há muitas semelhanças entre as duas obras, como certo predomínio do poema curto ou curtíssimo, a forte presença da metalinguagem, as referências orientais, a frase lapidar. Mas as diferenças são ainda maiores, a ponto de torná-los, de fato, verdadeiros antípodas. Para citar um aspecto fundamental, se uma enunciava a dificuldade, o outro cultuava, ao final das contas, a facilidade. Orides: "tudo / será difícil de dizer: / a palavra real / nunca é suave". Leminski: "inverno / primavera / poeta / é quem se considera".[14]

Orides Fontela pode, então, ser talvez descrita ou compreendida como uma espécie de anti-Leminski. Não apenas no rigor e na relativa dificuldade de sua poesia — em todo caso, em sua não-facilidade, apesar da lucidez e da clareza da expressão — mas também, e não por acaso, na sua oposta popularidade.

Além disso, Orides Fontela era ainda mais difícil no trato pessoal do que na própria poesia, como sua biografia demonstra à exaustão.[15] E isto afinal explica seu posterior afastamento de todos os mesmos nomes influentes da crítica que de início prontamente abriram, de forma pouco usual, os caminhos do meio literário para a jovem poeta do interior de São Paulo. Se se soma, então, a secura da linguagem à aspereza da personalidade, tanto a popularidade (minimamente) possível a um poeta quanto sua presença crítica, humanamente também sensível ao trato (ou destrato) pessoal — e não apenas aos intangíveis

---

14. "Leminski hesitaria a vida e a obra inteiras entre o 'capricho' e o 'relaxo', a densidade e o raso, a verdadeira inteligência e suas exigências e a pseudoesperteza *pop* e sedutora. [...] Sua obra é, afinal, dominada pela segunda vertente — o que, por sua vez, explica e apoia sua recente popularidade, tanto via internet quanto via antologia". L.D. "Paulo Leminski, o Paulo Coelho da poesia". Acessível em <http://bit.ly/1rw8E9U>.

15. Ver nota 2.

estratos dos argumentos —, o relativo silêncio que hoje cerca, não sem certa ironia, a obra de uma das mais fortes e importantes poetas brasileiras contemporâneas, torna-se grandemente explicável — ainda que inversamente justificável.

Luis Dolhnikoff

Poesia completa

Transposição
[1966–1967]

A um passo de meu próprio espírito
A um passo impossível de Deus.
Atenta ao real: aqui.
Aqui aconteço.

I
BASE

TRANSPOSIÇÃO

Na manhã que desperta
o jardim não mais geometria
é gradação de luz e aguda
descontinuidade de planos.

Tudo se recria e o instante
varia de ângulo e face
segundo a mesma vidaluz
que instaura jardins na amplitude

que desperta as flores em várias
coresinstantes e as revive
jogando-as lucidamente
em transposição contínua.

TEMPO

O fluxo obriga
qualquer flor
a abrigar-se em si mesma
sem memória.

O fluxo onda ser
impede qualquer flor
de reinventar-se em
flor repetida.

O fluxo destrona
qualquer flor
de seu agora vivo
e a torna em sono.

O universofluxo
repele
entre as flores estes
cantosfloresvidas.

— Mas eis que a palavra
cantoflorvivência
re-nascendo perpétua
obriga o fluxo

cavalga o fluxo num milagre
de vida.

ARABESCO

A geometria em mosaico
cria o texto labirinto
intrincadíssimos caminhos
complexidades nítidas.

A geometria em florido
plano de minúcias vivas
a geometria toda em fuga
e o texto como em primavera.

A ordem transpondo-se em beleza
além dos planos no infinito
e o texto pleno indecifrado
em mosaico flor ardendo.

O caos domado em plenitude
                              a primavera.

PEDRA

A pedra é transparente:
o silêncio se vê
em sua densidade.

(Clara textura e verbo
definitivo e íntegro
a pedra silencia).

O verbo é transparente:
o silêncio o contém
em pura eternidade.

POEMA I

O sol novifluente
transfigura a vivência:
outra figura nasce
e subsiste, plena.

É um renascer contínuo
que nela se inaugura:
vida nunca acabada
tentando o absoluto.

Espírito nascido
das águas intranquilas
verbo fixado: sol
novifluente.

MEADA

Uma trança desfaz-se:
calmamente as mãos
soltam os fios
inutilizam
o amorosamente tramado.

Uma trança desfaz-se:
as mãos buscam o fundo
da rede inesgotável
anulando a trama
e a forma.

Uma trança desfaz-se:
as mãos buscam o fim
do tempo e o início
de si mesmas, antes
da trama criada.

As mãos
destroem, procurando-se
antes da trança e da memória.

LUDISMO

Quebrar o brinquedo
é mais divertido.

As peças são outros jogos
construiremos outro segredo.
Os cacos são outros reais
antes ocultos pela forma
e o jogo estraçalhado
se multiplica ao infinito
e é mais real que a integridade: mais lúcido.

Mundos frágeis adquiridos
no despedaçamento de um só.
E o saber do real múltiplo
e o sabor dos reais possíveis
e o livre jogo instituído
contra a limitação das coisas
contra a forma anterior do espelho.

E a vertigem das novas formas
multiplicando a consciência
e a consciência que se cria
em jogos múltiplos e lúcidos
até gerar-se totalmente:
no exercício do jogo
esgotando os níveis do ser.

Quebrar o brinquedo ainda
é mais brincar.

MÃOS

Com as mãos nuas
lavrar o campo:

as mãos se ferindo
nos seres, arestas
da subjacente unidade

as mãos desenterrando
luzesfragmentos
do anterior espelho

Com as mãos nuas
lavrar o campo:

desnudar a estrela essencial
sem ter piedade do sangue.

SALTO

I

Momento
despreendido da forma

salto buscando
o além
do momento.

II

Desvitalizar a forma
des - fazer
des - membrar

e - além da estrutura -
viver o puro ato
inabitável.

LABORATÓRIO

Des - armamos o fato
para - pacientemente -
re - generarmos a estrutura

ser nascido do que
apenas acontece.

Re - fazemos a vida.

TATO

Mãos tateiam
palavras
tecido
de formas.

Tato no escuro das palavras
mãos capturando o fato
texto e textura: afinal
matéria.

NÚCLEO

Aprender a ser terra
e, mais que terra, pedra
nuclear diamante
cristalizando a palavra.

A palavra definitiva.
A palavra áspera e não plástica.

DESAFIO

Contra as flores que vivo
contra os limites
contra a aparência a atenção pura
constrói um campo sem mais jardim
que a essência.

POEMA II

Ser em espelho
fluxo detido
ante si mesmo

lucidez.

DIÁLOGO

Variável asa lúcida
tramando verbos véus
de sentido humano nas
coisas

lúcida sede in
expressa inesgotável
prospecção infecunda
do segredo

texto ato humanidade
variável asa diálogo
entre o verbo e o real
inefável.

QUADROS

I

O círculo em torno
do ato:

lisa superfície
da esfera
do oceano concreto
impenetrável

— a verbalização do sangue.

II

Um nódulo cego
e a luz destacando-o
num espaço total
vivo e infinito.

Um nódulo cego
e a luz contornando-o
luz densa gerando um plano
cruel e nítido.

Um nódulo cego
e a luz que o transpassa
definindo seu ser
sem diluí-lo.

III

Livres fragmentos:
cores sons figuras
em dispersão lúcida

vertigem

Livres fragmentos:
constelações em fuga
dissonância.

Livres fragmentos
e a livre unidade
livremente aceita

(jogo maior
além da infância).

SÉRIE

Primeiro
o apelo
(paralela a palavra
ao universo).

Depois
invocadas potências
formas se tramam puro
mapa lúdico.

Enfim
conclusão do ato
o amor ser possível
amanhece
lúcido.

II
(一)

FALA

Tudo
será difícil de dizer:
a palavra real
nunca é suave.

Tudo será duro:
luz impiedosa
excessiva vivência
consciência demais do ser.

Tudo será
capaz de ferir. Será
agressivamente real.
Tão real que nos despedaça.

Não há piedade nos signos
e nem no amor: o ser
é excessivamente lúcido
e a palavra é densa e nos fere.

(Toda palavra é crueldade.)

POUSO

Ó pássaro, em minha mão
encontram-se
tua liberdade intacta
minha aguda consciência.

Ó pássaro, em minha mão
teu canto
de vitalidade pura
encontra a minha humanidade.

Ó pássaro, em minha mão
pousado
será possível cantarmos
em uníssono

se és o raro pouso
do sentimento vivo
e eu, pranto vertido
na palavra?

ROSA

Eu assassinei o nome
da flor
e a mesma flor forma complexa
simplifiquei-a no símbolo
(mas sem elidir o sangue).

Porém se unicamente
a palavra FLOR — a palavra
em si é humanidade
como expressar mais o que
é densidade inverbal, viva?

(A ex-rosa, o crepúsculo
o horizonte.)

Eu assassinei a palavra
e tenho as mãos vivas em sangue.

MEIO-DIA

Ao meio-dia a vida
é impossível.

A luz destrói os segredos:
a luz é crua contra os olhos
ácida para o espírito.

A luz é demais para os homens.
(Porém como o saberias
quando vieste à luz
de ti mesmo?)

Meio-dia! Meio-dia!
A vida é lúcida e impossível.

REVELAÇÃO

A porta está aberta
como se hoje fosse infância
e as coisas não guardassem pensamentos
formas de nós nelas inscritas.

A porta está aberta. Que sentido
tem o que é original e puro?
Para além do que é humano o ser se integra
e a porta fica aberta. Inutilmente.

ODE I

O real? A palavra
coisa humana
humanidade
penetrou no universo e eis que me entrega
tão-somente uma rosa.

DESTRUIÇÃO

A coisa contra a coisa:
a inútil crueldade
da análise. O cruel
saber que despedaça
o ser sabido.

A vida contra a coisa:
a violentação
da forma, recriando-a
em sínteses humanas
sábias e inúteis.

A vida contra a vida:
a estéril crueldade
da luz que se consome
desintegrando a essência
inutilmente.

TORRES

Construir torres abstratas
porém a luta é real. Sobre a luta
nossa visão se constrói. O real
nos doerá para sempre.

COROS

Coros pungentes
cores
do crepúsculo

ser perdido em
vozesfragmentos

arestas

violação
de um só silêncio
lúcido.

CÍRCULOS

Há uma lua
luz
além
do círculo dia

há uma lua
outro círculo.

CLAUSTRO

Célula
onde nenhuma palma
contempla
na fria aridez o rosto
pacificado

solidão sem imagens
para sempre.

MÚMIA

Liana
liame
linho.

Voltas e mais voltas
apertadas voltas
concêntricas.

Brancas espirais
tela branca
unguento incenso contundentes
aromas.

Lianas
liames da espera
incubando o sono.

Linho indizível
branco:
branco arcaico em torno
de nada.

CARAMUJO

A superfície
suave convexa
não revela seu dentro:
apenas brilha.

A entrada
estreita abóbada
é sóbria sombria
gruta.

A sequência
rampa enovelada
se estreita num pasmo
labiríntico.

O fim
limite íntimo
nada é além de si mesmo
ponto último.

A saída
é a volta.

ROTA

Há um rumo intacto, uma
absoluta aridez
na ave que repousa. Nela
o repouso é a rota: não há mais
necessidade de voo.

NOTÍCIA

Não mais sabemos do barco
mas há sempre um náufrago:
um que sobrevive
ao barco e a si mesmo
para talhar na rocha
a solidão.

ACALANTOS

I

Perde-se a forma no silêncio
e a cor não é mais palavra
da plasticidade viva:
coisas que eram reais e belas.

O sono
oblitera o real: o olho se cala
na indistinção final dos rumos.

II

Não saber não saber não saber não saber
ser consumida
por tempo neutro
espaço arrítmico
onde o sangue do ser
não me pertence.

III

Água constelada
entre as mãos incertas

e as estrelas derramadas no tempo.

IV

Um pequeno lago
sem sabor de forma
um centro repouso
sem nada
sem fundo
lago olho oculto
no sono.

III
(+)

ODE II

O amor, imor
talidade do instante
totalização da forma
em ato vivo: obscura
força refazendo o ser.

O amor, momen
to do ser refletido
eternamente pelo espírito.

ODE III

Pouco é viver
mas pesa
como todo o ser
como toda a luz
como a concentração do tempo.

LAVRA

A semente em seu sulco
e o tempo vivo.

A semente em seu sulco
e a vida rítmica fluindo
para a realização do fruto.

voo

Flecha ato não verbo
impulso puro
corta o instante
e faz-se a vida
em acontecer tão frágil

lucidez breve
do movimento
acontecido.

VERMELHO

Tensão da rosa em
sábia maturidade
vermelhocéu contido
no máximo horizonte.

Tensão do horizonte em
vermelho rosa transposto
sábia rosa em seu
maduro silêncio.

GIRASSOL

Quero expressar a flor
e o girassol me escolhe:
helianto bizâncio ouro luz
                      ouro ouro

Variando de horizonte
porém sempre
audazmente fiel
fitando a luz intensamente

o girassol me escolhe:
adoração dourada
fixação tranquila
calor lúcido.

Flor para sempre e muito mais
que flor.

GESTO

Palma
imóvel
verde

insistente verde
ânsia verde calma.

Silêncio insistindo
na unidade cega.

Existência em frio
esplendor aberto

Gesto na luz fixo
ânsia verde calma

Palma
imóvel
vida

Palma imóvel. Palma.

SENSAÇÃO

Vejo cantar o pássaro
toco este canto com meus nervos
seu gosto de mel. Sua forma
gerando-se da ave
como aroma.

Vejo cantar o pássaro e através
da percepção mais densa
ouço abrir-se a distância
como rosa
em silêncio.

FRONDE

Vida aberta sem ritmo
multiplicada em
mil lâminas abertas
mil lâminas vivendo a luz

lâminas sob a luz
como sentidos.

LUZ

A lâmpada sus
pensa, milagre

inatingível suspensa
horizonte.

Nós a olhamos fascinados.

AURORA

Madrugada
negação da vertigem
redescoberta infinita
da luz.

Madrugada
figura limpa da unidade.

MÉDIA

Meia lua.
Meia palavra.
Meia vida.

Não basta?

REFLEXO

O lago em círculo
círculo água
céu apreendido
eternidade no tempo.

IV
FIM

QUESTÕES

a)
O
fruto
arquitetado:
como o sermos?

b)
Difícil o real.
O real fruto.
Como, através
da forma
distingui-lo?

c)
Aguda
a
luz
sem forma
do que somos.
Como, sem vacilações
vivê-la?

SEDE

I

Beber a hora
beber a água
embriagar-se
com água apenas.

II

Água? É só isso
que purifica.

III

Fonte maior
e não oculta
fonte sem Narciso
nem flores.

IV

Bendita a sede
por arrancar nossos olhos
da pedra.

Bendita a sede
por ensinar-nos a pureza
da água.

Bendita a sede
por congregar-nos em torno
da fonte.

FLUXO

A gênese das águas
é secreta e infinita
entre as pedras se esconde
de toda contemplação.
A gênese das águas
e em si mesma.

....

O movimento das águas
é caminho inconsciente
mutação contínua
nunca terminada.

É caminho vital
de si mesma.

....

O fim das águas
é dissolução e espelho
morte de todo o ritmo
em contemplação viva.

Consciencialização
de si mesma.

REBECA

A moça de cântaro e seu
gesto essencial: dar água.

O NOME

A escolha do nome: eis tudo.

O nome circunscreve
o novo homem: o mesmo,
repetição do humano
no ser não nomeado.

O homem em branco, virgem
da palavra
é ser acontecido:
sua existência nua
pede o nome.

Nome
branco sagrado que não
define, porém aponta:
que o aproxima de nós
marcado do verbo humano.

A escolha do nome: eis
o segredo.

O EQUILIBRISTA

Essencialmente equilíbrio:
nem máximo nem mínimo.

Caminho determinado
movimentos precisos sempre
medo controlado máscara
de serenidade difícil.

Atenção dirigida olhar reto
pés sobre o fio sobre a lâmina
ser numa só ideia nítida
equilíbrio. Equilíbrio.

Acaba a prova? Só quando
o trapézio oferece o voo
e a queda possível desafia
a precisão do corpo todo.

Acaba a prova se a aventura
inda mais aguda se mostra
mortal intensa desumana
desequilíbrio essencialmente.

ADVENTO

Deste tempo múltiplo
o que nascerá?

Da onda
rítmica
amplitude
da intensidade
amorfa
ritmicamente esfacelada

do múltiplo que um
mais que tempo virá
e que luz haverá além
do tempo?

ESTRELA

Sobre a paisagem um ponto
de luz cósmica completa
e cena fixa
que não a encerra.

A estrela completa
a unidade em que
não habita.

DISPERSÃO

As aves se dispersaram
em céus mais infinitos

criaram distâncias exatas
linhas puras de ser no tempo

fugiram em palpitações
de nitidez absoluta

além da aparência perderam-se
intactas, na existência.

A ESTÁTUA JACENTE

I

Contido
em seu livre abandono
um dinamismo se alimenta
de sua contenção pura.

Jacente
uma atmosfera cerca
de tal força o silêncio

como se jacente guardasse
o gesto total do segredo.

II

O jacente
é mais que um morto: habita
tempos não sabidos
de mortos e vivos.

O jacente
ressuscitado para o silêncio
possui-se no ser
e nos habita.

III

Vemos somente o repouso
como uma face neutra
além de tudo o que
significa.

(Mas se nos víssemos
no verbo totalizado
— forma que se concentra
além de nós —

(Mas se nos víssemos
na contenção do ser
o repouso seria
expressão nítida.)

Vemos apenas
repouso:
contenção da palavra
no silêncio.

IV

Jaz
sobre o real o gesto
inútil: esta palma.

A palavra vencida
e para sempre inesgotável.

Helianto
[1973]

A
Antonio Candido
com amizade e reconhecimento

Menina, minha menina
Faz favor de entrar na roda
Cante um verso bem bonito
Diga adeus e vá-se embora

CANTIGA DE RODA

HELIANTO

Cânon
da flor completa
metro / valência / rito
da flor
verbo

círculo
exemplar de helianto
flor e
mito

ciclo
do complexo espelho
flor e
ritmo

cânon
da luz perfeita
capturada fixa
na flor
verbo.

ALVO

Miro e disparo:
o alvo
o al
o a

centro exato dos círculos
concêntricos
branco do a
a branco
   ponto
   branco
atraindo todo o impacto

(Fixar o voo
da luz na
   forma
firmar o canto
em preciso
silêncio

— confirmá-lo no centro
      do silêncio.)

Miro e disparo:
o a
o al
o alvo.

ROSÁCEA

Rosa primária quíntupla
abstrato vitral
das figuras do ser.

Ritmo em círculo, cinco
tempos de um mesmo ponto
interno, que se acende
no infinito. Rosa
não rosa: arquitetura
corforma do possível.

Abstrato vitral
das figuras do ser.

SOB A LÍNGUA

Sob a língua

palavras beijos alimentos
alimentos beijos palavras.

O saber que a boca prova
O sabor mortal da palavra.

IMPRESSÕES

Cimo
de palmeira rubra:
　　　"vida".

Lago
de amarelo turvo:
　　　"tempo".

Cubo
de metal opaco:
　　　"Deus".

MARCA

As Leis olham do alto:
arcanjos de basalto
sobrevoam pesadas
quadriculam o humano.

Nem olham: subsistem.
Além do instante e do sangue
as Leis puramente
                    reinam.

— Na estela
   a primeira marca
   na mente
   a primeira forma

configurando — violentando —
              o humano.

HERANÇA

O que o tempo descura
e que transfixa

o que o tempo transmite
e subverte

o que o tempo desmente
e mitifica.

MINÉRIO

O metal e seu pálido
                  horizonte

o seu fulgor apenas
                  superfície

— sua presençatempo
   erigida em silente
   espaço neutro.

O metal tempo opondo-se
ao olhar vivo: o metal adensando
e horizonte em fronteira
                      inviolada.

O metal presença
                  íntegra
opondo às águas seu frio
e incorruptível núcleo.

TELA

I

O
tecido:
não sabemos qual
a trama.

II

Avesso
ou
direito:

como julgar o denso
amor vivido?

III

Figuras.

Realmente
figuras?

Intencionalmente
impressas

ou acidentes
— face nossa
   ao espelho?

IV

> O
> tecido:
> como subtrairmo-nos
> à trama?

ESCULTURA

O aço não desgasta
seus espelhos múltiplos
curvas
arestas
apocalíptica fera.

O aço não se entrega
e nem se estraga é
                    forma
— presença imposta sem signos.

O aço ameaça
— imóvel —
com a aspereza total
de seu frio.

Ó forma
violenta pura
como emprestar-te algo
                        humano
uma vivência
um nome?

FORMA

Forma
como envolver-te
se dispões os seres
em composição plena?

Forma
como abraçar-te
se abraças o ser
em estrutura e plenitude?

Forma
densamente forma
como revelar-te
se me revelas?

POEMAS DO LEQUE

I

O
leque
fechado:
ausência.

II

A plumagem das sombras
a textura
do silêncio brunido
(viva espera)

a plumagem espanto
a pupila
da atenção cega densa
(sombra
       viva).

III

O
leque
fechado:
espera.

IV

    Grau a grau
    (leque abrindo-se)
    gesto por gesto
    (leque abrindo-se) trama-se
    a antirrosa e seu brilho
                gesto
                   pleno.

V

    Cultiva-se (cultua-se)
    em ato extremo
    a antirrosa
    esplêndida

    apresenta-se (apreende-se)
    o árido ápice
    luz vertical
    extrema.

VI

    Re-descoberta:
    o olharamor
    apreende o
                QUE

VII

Leque aberto. O
real
— o insolúvel real
   presença apenas.

CALEIDOSCÓPIO

Acontece: um
        giro
        e a forma brilha.

Espelhos do instante
                filtram
a ordem pura cores forma
              brilho

(e sem nenhuma
        palavra).

Acontece: outro
        giro
        outra forma e o mesmo
                brilho.

Ó espelho dos instantes
            fragmentos
estruturados em reflexos
            fúlgidos!

Acontece: novo
        giro...
O caleidoscópio quebra-se.

SOL

Sol.
Sol maiormente. Alucinado.

Sol
trespassante: há aberturas
                no sangue
                há janelas de vidro
                na mente.

Que mito subsiste
— que infância —
sob este Sol que ternura
                nos resta?

Só o mito maior
deste Sol
puro.

Sol
sem nenhuma sombra
                possível.

PRATA

I

    Luz pesando sobre a
                  prata.
    Luz   tensa
    dói   fere
      nota argêntea se
      oferece.

    Luz vibrando sobre
            o espelho

    forma   luz modulando-se   madura
    cristal   prata luzindo   fixada.

II

    De prata o campo — o escudo —
                          e através
                            dele
  o silêncio imprevisto (o antigo)
                                pleno.

    Águas transparentes   silêncio
    — o escudo erguido no silêncio — campo
    de transparência e de prata.

III

    Vieram barcos. Planícies
    de ondulação e sal coagularam-se
    em austero silêncio (prata): o tempo
    anula-se nesta vinda.

    Vieram
    nunc et semper
    velas vivas.

    Todos os modos do silêncio (mesmo
    o mais austero)   coalharam-se nas
                                              asas
    dos barcos vivos (prata)   e o não
                                              tempo
    é horizonte porto   fulgor
                                              branco
    das planícies abertas... Campo em prata.

IV

    Cristal   página branca
    nudez?   nada?
    Campo de possíveis. Aurora.
    E o helianto
                — pleno —
                       sobre a prata.

ONDE A FONTE?

Onde a
    fonte?

    Secas mãos conchas
    plasmam-se
    receptivos leitos
    a seu fluxo

    Vasos aguardam
        pacientes.

Onde a
    fonte? Na sede
    um frescor nascituro
        se acentua.

AS SEREIAS

Atraídas e traídas
atraímos e traímos

Nossa tarefa: fecundar
              atraindo
nossa tarefa: ultrapassar
              traindo
o acontecer puro
que nos vive.

Nosso crime: a palavra.
Nossa função: seduzir mundos.

Deixando a água original
cantamos
sufocando o espelho
do silêncio.

FERA

Na imóvel floresta   um ritmo
oculto pelo Sol   pelos ramos
no meio-dia   o medo armado   o salto

(o tempo irá deflagrar
        o seu raio
anulando o limbo
        a ausência
o emboscado poder
        irá ferir
o branco centro do eterno).

A fera: ritmo em cor
        luz e sombra
a fera: ritmo em voo
        melodia.

O perigo da fera: falsa ausência
no desarmado silêncio.

Intensa fera. De súbito, na
                    selva
o medo salta! Mas aparece o sentido.

AURORA (II)

Instaura-se a forma
num só ato

a luz da forma é um único
ápice

o fruto é uma única forma
instaurada plenamente

(o amor é unicamente
quando in-forma).

... mas custa o Sol a atravessar o deserto
   mas custa amadurecer a luz
   mas custa o sangue a pressentir o horizonte

TATO (II)

Revivo a exata
tensão da forma:
a pele, o pelo
o pêssego.

Textura viva:
plano pulsando
face
sob o gesto

mãos revivendo-se
na aguda
tela mítica.

SETE POEMAS DO PÁSSARO

I

O pássaro é definitivo
por isso não o procuremos:
ele nos elegerá.

II

Se for esta a hora do pássaro
abre-te e saberás
o instante eterno.

III

Nunca será mais a mesma
nossa atmosfera
pois sustentamos o voo
que nos sustenta.

IV

O pássaro é lúcido
e nos retalha.
Sangramos. Nunca haverá
cicatrização possível
para este rumo.

V

    Este pássaro é reto;
    arquiteta o real e é o real mesmo.

VI

    Nunca saberemos
    tanta pureza:
    pássaro devorando-nos
    enquanto o cantamos.

VII

    Na luz do voo profundo
    existiremos neste pássaro:
    ele nos vive.

PARA FIXAR

Para fixar
a flor
não nos serve o espaço
de pauta

ela des
liza pre
cede-nos
no horizonte duração
              aberta

elaestrela nada
a fixa
mas elaflor nos fixa
em seu
voo

flor
que nos vive no puro
tempo.

OSCILA

Oscila
a florinstante solta
entre norte
e oriente

                oscila o instante
                leve
                flor entre o oriente
                e o norte

oscilafulge
única
centrando
na oscilação a
fuga
que a transporta

                oscila oscila única
                inocência
                pupila solta entre o norte
                e o nada.

AS ESTAÇÕES

Anuncia-se a luz

e o puro Sol
o Sol informe
verte-se

    desencantando cores
    frutos vivos
    — força em ciclo descobrindo-se.

    ... mas

        há o estar da pedra
        há o estar do corpo
        há peso e forma: os frutos
            apodrecem.

CICLO

    Sob o Sol   sob o tempo
            (em seu próprio agudo
                      ritmo)
dispersam-se   intercruzam-se
          — em ciclo implacável —
                pássaros.
    Sob o Sol   sob o tempo
                reinventa-se
            (esplendor cruel) o
                      ritmo.
    Sob o Sol   sob o tempo
                automáticas flores
          inauguram-se.
    Sob o Sol   sob o tempo
              a vida se cumpre
                autônoma.

ESTRELAS

Fixar estrelas
no mapa móvel
zodíaco.

Jogar com astros
e fixar-se
no próprio jogo.

Nomear constelações
— submeter os astros
à palavra.

Buscar estrelas. Viver estrelas
         — animal siderado
                e siderante.

JOGO

Atira
a bola
alto
MAIS ALTO

cristal acima do universo.

SÃO SEBASTIÃO

As setas
— cruas — no corpo

as setas
no fresco sangue

as setas
na nudez jovem

as setas
— firmes — confirmando
                a carne.

GIGANTOMAQUIA

Gigantes armados. Feros
braços girando
moendo o tempo.

Armados girando. Círculos.
Cavalo e cavaleiro
em voo.

Feros braços. Gigantes
mais duros do que o
delírio.

Braços implacáveis. Giros
implacáveis da loucura
destroçando o tempo. Luta
feroz e triste em seu ciclo. Moinhos.

(Cavalo e cavaleiro
em voo.)

ASTRONAUTA

Astro
nauta

corpo   nave   liberta
corpo   nave   memória
descolada do grave
tempoinfância

corpo   plexo   vogando
em campo
nulo

corponave memória
no vazio

perdido livre
corpo
despreendidamente
nave.

Onde o horizonte? Astro
                          cai
                          em
                          órbita.

A ROSA (ATUALMENTE)

A rosa reta
não a rosa
    rosa

rosa de raiva
não a rara
    rosa

rosa de plástico
não a plástica
     rosa.

TABELA

Existe

resiste
persiste
insiste

      Desiste

O CANTO

O canto
e o conto:

O canto! O canto!

O conto canta. O canto
        faz de conta.

O conto
o canto

A CONTA
A CONTA.

STOP

Estado de sítio
estado de sido
estase.

NAU

Flutua
baila
aladamente baila
sobre o fluxo.

Flutua
fere
o espelho
puro
— insinua-se, móvel,
na água
viva.

Flutua: avança
(bailado e
luta)
aladamente viva
contra o fluxo.

OPOSIÇÃO

Na oposição se completam
os arcanjos contrários
sendo a mesma existência
em dois sentidos.

(Um, severo e nítido
na negação pura
de seu ser. O outro
em adoração firmado.)

Não se contemplam e se sabem
um mesmo enigma cindido
combatem-se, mas abraçando-se
na unidade da essência.

Interfecundam-se no mesmo
bloco de ser e de silêncio
coluna viva em que a memória
cindiu-se em dois horizontes.

(Sim e não no mesmo
abismo do espírito.)

ODES

I

O verbo?
Embebê-lo de denso
                vinho.

A vida?
Dissolvê-la no intenso
                júbilo.

II

Sonho vivido desde sempre
— real buscado até o sangue.

III

O Sol cai até o solo
a árvore dói até o cerne
a vida pulsa até o centro

... o arco se verga
até o extremo limite.

IV

    Lavro a figura
    não em pedra:
               em silêncio.

    Lavro a figura
    não na pedra (inda plástica) mas no
    inumano vazio
    do silêncio.

V

    A flor abriu-se.
    A flor mostrou-se em sua
                    inteireza:

    — Tragamos, ouro, incenso, mirra!

EROS

Cego?
Não: livre.
Tão livre que não te importa
a direção da seta.

Alado? Irradiante.
Feridas multiplicadas
nascidas de um só
                abismo.

Disseminas pólens e aromas.
És talvez a
                primavera?
Supremamente livre
      — violento —
não és estátua: és pureza
                oferta.

Que forma te conteria?
Tuas setas armam
                o mundo
enquanto — aberto — és abismo
        inflamadamente vivo.

TEMPLO

A severa arquitetura
serenamente prende-nos.

As linhas vivas. Os refolhos
                barrocos
     (o céu íntimo)
a bela ordem aquietando-nos.

Ó interior matriz
(humano e sacro)
em que tudo é nascente
          e brilha
como mistério entre nichos
              de sombra

ó tempo
divinizado em luz
que cresce e vive.

voo (ii)

Asas de
neve
buscam o
branco
cume perfeito.

Asas contra o
azul
montanha contra o azul

azul — e — branco.

A terra muito
               abaixo.
Muito abaixo o odor
          do sangue.

COMPOSIÇÃO

Cavalo branco em campo verde
parado
sereno
branco corcel ao longe
realidade
e miragem.

... numa viagem branca, através
de todos os verdes
a forma se tornava
em ritmo, delírio
de forças desatadas
impulso leve e forte
que saltava horizontes
que rasgava as tormentas
                    e as dores...

Mas agora, parado,
o ser cristalizou-se
na imagem de si mesmo
realidade lúcida
e plácida miragem.
....
Cavalo branco em campo verde
parado
sereno
branco corcel ao longe
realidade
e miragem.

O GATO

Na casa
inefavelmente
circulam olhos
de ouro

vibre (em ouro) a
        volúpia
o escuro tenso
vulto do deus sutil
indecifrado

na casa
o imperecível mito
se aconchega

quente (macio) ei-lo
em nossos braços:
visitante de um tempo sacro (ou de um não tempo).

GÊNESIS

Um pássaro arcaico
(com sabor de
          origem)
pairou (pássaro arcano)
     sobre os mares.

Um pássaro
movendo-se
espelhando-se
em águas plenas, desvelou
o sangue.

Um pássaro silente
abriu
as
asas
— plenas de luz profunda —
sobre as águas.

Um pássaro
invocou mudamente
o abismo.

FIGURAS

a) *repuxo*
A água fragmentada ascende
em brancura dinâmica
e no ápice de si constrói o arco
de que perenemente cai
regressando à unidade de seu ser.

b) *estátua*
Equilíbrio
branco

momento
dançante
da forma.

Fluência detida do ser; forma
— apenas equilíbrio de ritmos.

c) *esfera*
O mundo
preciso

o mundo
conciso
o espaço concreto
o tempo perfeito
a presença íntegra

o infinito
lúdico.

PARAÍSO

Animais sob o céu.
Puramente visíveis.
Postos num tempo íntegro
        sem trauma.

Os animais — visíveis —
sobre o campo
entre o florir suprarreal
        da aurora.

Os animais na origem.
Fixados
— como num quadro — inda sem voz
                alguma

só a atenção tranquila
ao céu
que baixa...

O céu fecundantemente.

SONHO

O ar irreal que cai
compõe um nítido campo
onde os ritmos   os tempos
interfecundam-se   plenos.

Imagens — ó cores puras! — sem peso
amplitude intangível   claros pomos
peixes sutis na água viva   peixes
deslizando — secretos — no silêncio.

O ar irreal que cai   a queda lúcida
dentro do sono   a grande flor aberta
o íntimo tempo que se instaura   mito
rápidos peixes e pássaros e campos.

O ar irreal que cai
e se constela
— o absoluto no horizonte
   do tempo.

REPOUSO

Basta o profundo ser
em que a rosa descansa.

Inúteis o perfume
e a cor: apenas signos
de uma presença oculta
inútil mesmo a forma
claro espelho da essência

inútil mesmo a rosa.

Basta o ser. O escuro
mistério vivo, poço
em que a lâmpada é pura
e humilde o esplendor
das mais cálidas flores.

Na rosa basta o ser:
nele tudo descansa.

POEMETOS

a) *manhã*
Ninguém ainda. As rosas me saúdam
e eu saúdo o silêncio
das rosas.

b) *ausência*
Aqui ninguém
e nuvens.

c) *ave*
Asas suspensas em
instanteluz.

d) *lua*
Integralidade.
Fixidez.

e) *Narciso*
A flor a água a face
a flor a água
a flor.

f) *primavera*
   Da não-espera
   acontecem as
   flores.

g) *lago*
   Tensão
   fria
   da água: paz — em — ser.

h) *espera*
   As janelas abertas.
   A porta apenas encostada...

i) *vaso*
   mas incomunicante.

j) *fim*
   A ausência das rosas. O caminho
   já sem ninguém, para o silêncio.

ODE

E enquanto mordemos
frutos vivos
declina a tarde.

E enquanto fixamos
claros signos
flui o silêncio.

E enquanto sofremos
a hora intensa

lentamente o tempo
perde-nos.

ELEGIA (I)

Mas para que serve o pássaro?
Nós o contemplamos inerte.
Nós o tocamos no mágico fulgor das penas.
De que serve o pássaro se
desnaturado o possuímos?

O que era voo e eis
que é concreção letal e cor
paralisada, íris silente, nítido,
o que era infinito e eis
que é peso e forma, verbo fixado, lúdico

o que era pássaro e é
o objeto: jogo
de uma inocência que
o contempla e revive
— criança que tateia
no pássaro um esquema
de distâncias —

mas para que serve o pássaro?

O pássaro não serve. Arrítmicas
brandas asas repousam.

ELEGIA (II)

Os extremos do vento
sons
partidos.

Os extremos os
mais
agudos cumes
da tensão viva amor
— criação viva —

agora par
      tidos
luz e lira
inertes.

Os extremos do amor:
áridos
restos.

A PAISAGEM EM CÍRCULO

Os plátanos as pombas estas fontes
as frondes, longe; e, de novo, os
       plátanos.

As pombas estes plátanos as frondes
as fontes, longe; e, de novo, as
       pombas.

As fontes estas frondes estas pombas
plátanos, longe; e, de novo, as
       fontes.

Estas frondes os plátanos as fontes
as pombas, longe; e, de novo, as
       frondes.

CLAUSTRO (II)

Antigo
jardim fechado:
águas, azulejos
     e sombra.

Macular esta paz?
     Proibido.
Só leves pensamentos
     transitam
— leves, tão
     leves
que agravam mais o silêncio.

E o jardim se aprofunda
     espelho
verde do abismo: céu
nas águas claras

e este chão não existe
   — tudo é abismo —
e esta paz é vertigem
   — puro abismo —
e o pensamento fixo
   — mudo abismo —

tudo amplia mais o silêncio.

ESTRADA

A estrada percorre
      o bosque
entre árvores mudas
entre pedras opacas
entre jogos de luz
      e sombra.

A estrada caminha
e o seu solo
(ancestralmente fundo)
não tem som.

A estrada prossegue
e seu silêncio
fixa presenças densas
e embriaga
sufocando toda a
          memória...

TERMO

Despreende-se a seta   alvo alcançado
apreende-se o tempo   flor colhida

não mais além   só isto
          — é
            tudo —
concentrado fruto e fonte.

Flor alcançada   vida exata
        É
        TUDO

elimina-se a meta   jogo findo.

Alba
[1983]

Para

Davi
Haquira
Lucia
Ana Maria

Que bien sé yo la fonte
que mana y corre,
aunque es de noche.

SAN JUAN DE LA CRUZ

A um passo

do pássaro

res

piro.

ALBA

I

Entra furtivamente
a luz
surpreende o sonho inda imerso
                na carne.

II

Abrir os olhos.
Abri-los
como da primeira vez
— e a primeira vez
   é sempre.

III

Toque
de um raio breve
e a violência das imagens
no tempo.

IV

Branco
sinal oferto
e a resposta do
sangue:
AGORA!

POEMA

Saber de cor o silêncio
diamante e/ou espelho
o silêncio além
do branco.

Saber seu peso
seu signo
— habitar sua estrela
   impiedosa.

Saber seu centro: vazio
esplendor além
da vida
e vida além
da memória.

Saber de cor o silêncio

— e profaná-lo, dissolvê-lo
            em palavras.

VIGÍLIA

Momento
        pleno:
pássaro vivo
atento a.

Tenso no
        instante
— imóvel voo —
plena presença
pássaro e
        signo

(atenção branca
aberta e
        vívida).

Pássaro imóvel.
Pássaro vivo
atento
a.

CLIMA

Neste lugar marcado: campo onde
uma árvore única
se alteia

e o alongado
gesto
absorvendo
todo o silêncio — ascende e
                imobiliza-se

(som antes da voz
pré-vivo
ou além da voz
e vida)

neste lugar marcado: campo
                imoto
segredo   cio   cisma
o ser
celebra-se

— mudo eucalipto
  elástico
  e elíptico.

POUSO (II)

Difícil para o pássaro
        pousar
        manso
em nossa mão — mesmo
        aberta.

Difícil difícil
para a livre
    vida
repousar em quietude
        limpa
        densa

e inda mais
    difícil
— contendo o
    voo
  imprevisível —

maturar o seu canto
no alvo seio
de nosso aberto
mas opaco

silêncio.

CISNE

Humanizar o cisne
é violentá-lo. Mas
também quem nos dirá
o arisco esplendor
— a presença do cisne?

Como dizê-lo? Densa
a palavra fere
o branco
expulsa a presença e — humana —
é esplendor memória
                e sangue.

                E
                resta
não o cisne: a
                palavra

— a palavra mesmo
                cisne.

COMPOSIÇÃO

Compor os pomos
       — exatamente —
                   até
que os signos
       — deiscentes —
                  transfigurem-se.

Compor os pomos
          até
a anárquica primavera.

Compor   transpor
    até
a rosa única
— múltiplo
  espanto.

TRAMA

Tecem-se voos
campos dóceis
esperas

tecem-se verbos
atentas claras
luzes

tecem-se formas
jogos maduros
redes

tecem-se tempos
para um só ato
infindo.

BODAS DE CANÁ

I

Da pura água
criar o vinho
do puro tempo extrair
o verbo.

II

Milagre (anti-
milagre)
era tornar em água
o vinho
vivo.

III

A água embriaga
mas para além do humano: no amor
simples.

IV

Para os anjos a
água. Para nós
o vinho encarnado
sempre.

AS TROCAS

Um fruto por um
          ácido
um sol por um
          sigilo
o oceano por um
          núcleo

o espaço por uma
          fuga
a fuga por um
          silêncio

— riquezas por uma
          nudez.

CAÇA

Visar o centro
ou, pelo menos,
o melhor lado
(o mais frágil).

Astúcia e tempo
(paciência armada)
e — na surpresa
do golpe rápido —

colher a coisa
que, apreendida,
rende-se?

Não: desnatura-se
ao nosso ato...
Ou foge.

A MÃO

I

A mão destrói imagens
descristaliza signos

e a luz de novo
desabitada
pulsa serenamente
em frio ímpeto.

II

A mão destrói-se
furtando-se
à textura do ser
e do silêncio

e — naufragada a forma —
subsiste uma estrela
sobre as águas.

TROVÕES

Trovões invadem
casas
coisas
quebram
louças gráficos
         vidros.

Anulam o supérfluo: articulam
um campo para o destino.

Trovões transportam raízes
a altas distâncias nuas
tentando armar uma flor
com o que resta — ainda —
do silêncio.

PROMETEU

A Lei
cinzenta — ave de
              rapina —
voa mas
pesa: desce e
        busca
        o Sangue

o Sangue: agravo
o Sangue: gravidade.

Peso da
Lei
peso do
Sangue

— destruição rubro-cinza.

TOURO

I

No verde campo
o touro
qual noite exposta
em claro
dia

no verde chão
da irrealidade
a violência:
o sangue contido
(ainda).

II

No verde dia
(fábula)
a morte? A
VIDA

— tão brutalmente
VIDA
que a tememos.

CENTAUROS

Centauros derrubam ídolos

centauros derrubam-se
centauros centauros.

Mas a memória
— texto pul
        sante —
  mas a memória
— rito do
     sangue —

mas a memória
— sempre a
        memória —

absorvendo o ímpeto
floresce.

PEIXE

Gira
forma oblíqua no espelho
cor
capturada em fria
plenitude.

Gira
na transparência a
                forma
apenas forma: sem
                fuga.

Apenas forma: ciclo
ritmo submerso
sem asas para o tempo.

UVAS

Mesclados: o mel
        e o mal

a vida: madura
        impura

doces-pobres
bagos

em que o gozo
do mel
inclui o mal

em que o gosto
de podre
aguça o fruto.

MITO

Bizâncio:
grande céu dourado
sem pássaros.

Bizâncio:
os mosaicos sem tempo
luz
imota.

Bizâncio:
o eterno helianto
— a estrela
   fixa.

MOSAICO

Os anjos fortes eretos.

Faces
neutras
vestes
claras
asas tranquilas
imotas.

Os anjos.
Inamovíveis.

PENÉLOPE

O que faço des
           faço
o que vivo des
           vivo
o que amo des
           amo

(meu "sim" traz o "nao"
           no seio).

RELÓGIO

Hora dos
peixes
hora dos
náufragos
hora do es
pesso
concreto abismo

hora das
algas
lentas flu
tuantes
hora das
ondas
brandas in
findas

hora dos
peixes
densos
obscuros
na obscuridade líquida.

AS PARCAS

As Parcas
fiam
nada
tecendo

tecendo o
      nada
em lento fio
branco? Nem
branco:

apenas pura
perda, sussurro
de lento canto
que autoesvazia-se

e — inútil —
    tomba
evanescendo-se
na transparência.

....

Apenas
isto:
Parcas vigilam.
Cintila o
mar.

ODES

I

No mar interior em que
olhosvivências se tramam
no mar estruturado
de olhares em que a vida
se adensa, não há falhas

e onde tudo é vivo nenhum
barco furtivo se aventura

II

Retezo o arco e o
               sonho
espero:

nada mais é preciso.

III

O fruto arde e se consome
o vinho sustenta os pássaros
a liberdade das águas
dissolve-nos.

Bebemos profundamente...
Não é preciso renascer.

POEMETOS (II)

Brejo
Água parada água parada água pa
rando
sob a cintilação dos lírios.

O azul
o exílio.

Fonte
As águas levando
as palmas
as águas lavando
os olhos
as águas livrando
tudo.

A estrela próxima
Próxima: mas ainda
estrela
— muito mais estrela
  que próxima.

Sal
ritmo
flama
ciclo
— rio absoluto
   do sangue.

Centro
O que é tão puro que enlouquece as flores
o que é tão puro que magnetiza o deserto
o que é tão puro que nem simplesmente existe.

Reflexos
No olho — espelho —
na água — espelho —
no tempo — espelho —

espelhos nos
            espelhos nos
                        espelhos
— infinito irreal — o sonho
                        flui.

MURMÚRIO

O murmúrio não cessa. Nunca a
                        fonte
deixará de cantar
oculta

e oculto mesmo
o canto
soterrado em cansaço
hábito e olvido

e tudo oculto sob árida
lápide
sob o contínuo deslizar
das formas

e tudo
oculto
mas água
sempre

pulsação
viva
centrando
o
tempo.

MAPA

Eis a carta dos céus:
as distâncias vivas
indicam apenas
roteiros
os astros não se interligam
e a distância maior
é olhar apenas.

A estrela
voo e luz somente
sempre nasce agora:
desconhece as irmãs
e é sem espelho.

Eis a carta dos céus: tudo
indeterminado e imprevisto
cria um amor fluente
e sempre vivo.

Eis a carta dos céus: tudo
                se move.

NOTURNO

O silêncio sem cor nem peso
(vacuidade) sustenta
agudas sementes — júbilo —
da lucidez nunca
                extinta.

Grandes estrelas fixas.

ALBA (II)

A estrela d'alva — puríssimo
centro da aurora — sidera-me
penetra-me até à vertigem.

ALBA (III)

Ó rosa face
emergente:
puro gosto de luz
branca.

ANTÁRTIDA

O campo branco (nenhum mapa) intenso.

Os passos consomem-se
o espaço introverte-se
branco branco

asséptico/absoluto.

Norte nenhum
noite nenhuma
— branco sobre
          o branco.

ESPELHO

O espelho
lúcido branco   silente
imóvel lâmina   fluxo
o espelho: corola
    branca

o espelho
branco centro da
    vertigem
enorme corola
    áspera
forma vazia
do branco

o espelho
flor sem memória   fluência
— intensa corola
  branca.

ESPELHO (II)

I

Fita-nos o cristal, vácuo
de onde emergem rosas
pássaros.

Fita-nos o tempo. Viva
a infância nos rememora.

II

Aves
disparam no espelho
vívidas

aves
lucidamente navegam
no puro cristal
do tempo.

ROSA (II)

Doce perfume des
falecente, rosa
mais-que-perfeita: solta
em voo
puro.

Doces pétalas vivas.

NAU (II)

Um barco
fende — tranquilo — o mar
(o amor)   transporta
— voo profundo — o esplendor
do silêncio.

Um barco
fende o rumor do mar
transporta
— silente ânfora — a
imortal lucidez
do branco

a
siderante impossível
primavera.

CICLO (II)

Os pássaros
retornam
sempre e
sempre.

O tempo cumpre-se. Constrói-se
a evanescente forma
        ser
        e
        ritmo.

Os pássaros
retornam. Sempre os
pássaros.

A infância volta devagarinho.

FONTE

A fonte (oculta) ignora-se.

Escamas: sóis
        intranquilos
torrente: luz
que se quebra
oferta multi
     plicada .

... mas na escura gruta
   intacta

a fonte — serena — expande-se.

SILÊNCIO

I

A madrugada.
Seu coração de silêncio.

II

O silêncio cheio
de peixes
de irisados peixes
úmidos.

III

Grandes árvores
ânforas
transbordantes de silêncio.

IV

Galos
no alto silêncio
impressos

seda
translúcida do silêncio.

NUDEZ

Ainda há maior nudez: barreira
ininterrupta do silêncio
guardando em si a evidência das formas.

Ainda há maior nudez: evidência
sem mais sinais
exata em sua luz interna.

Ainda há maior nudez: a luz
infinda simplicidade
sem apoio além de si mesma.

MIGRAÇÃO

Do leste vieram pássaros
rápidos leves
nem sombra nem rastro
deixam:
apenas passam. Não pousam.

VIA

I

Há um caminho solitário
construído a cada
              passo:
não leva a lugar algum.

II

Na floresta um branco
                  pássaro
oculta-se em seu
                  silêncio.

III

No alto
— jubilosamente —
uma estrela
apenas.

RIO (II)

I

Águas não
cantam:
fluem suaves
fogem.

II

Fresco silêncio:
a flor não
fala.

III

Nenhum ruído. Apenas
brancas pétalas
da flor que navega
nas águas
esplêndidas.

FLAMA

Tensa
uma flama
no denso silêncio
      vela

imóvel
brilha
intensa vigília
      áurea

esfera
cálida
— brilho e
  sigilo —

no intenso
silêncio
vibra e
    vela.

ODE

O início? O mesmo fim.
O fim? O mesmo início.

Não há fim nem início. Sem história
o ciclo dos dias
vive-nos.

ODE (II)

O instante-surpresa: pássaros
atravessando o silêncio

o
instante
surpreso: conchas
esmaltadas imóveis

o instante
esta pedra tranquila.

REFLEXOS

No espelho
a vida

a pura
vida
já sem
palavras.

A vida viva.

A vida
quem?

A vida
em branco
espelho
puro:

ninguém
ninguém.

LETES

Ó rio
subterrâneo ao ritmo
do sangue

ó água
frígida clara
que elimina toda a
sede

ó água abissal
sem gosto
nem vestígio algum
de tempo

ó fonte
sem mais música audível: água
                           densa
que nos limpa de todas
as palavras.

Rosácea
[1986]

in memoriam de meus pais

*Coisas varridas e
ao acaso
mescladas
— o mais belo universo*

HERÁCLITO

NOVOS

AURORA

Rosa, rosas. A primeira cor.
Rosas que os cavalos
esmagam.

INICIAÇÃO

Se vens a uma terra estranha
curva-te

se este lugar é esquisito
curva-te

se o dia é todo estranheza
submete-te

— és infinitamente mais estranho.

ERRÂNCIA

Só porque
erro
encontro
o que não se
procura

só porque
erro
invento
o labirinto

a busca
a coisa
a causa da
procura

só porque
erro
acerto: me
construo.

Margem de
erro: margem
de liberdade.

CORUJA

Voo onde ninguém mais — vivo em luz
                    mínima
ouço o mínimo arfar — farejo o
                    sangue

e capturo
a presa
em pleno escuro.

ESTRELA

A tranquila explosão
fria

fora do tempo e
nos olhos

esplêndida
solitária

no ápice do amor
tremeluzia.

HERANÇA

Da avó materna:
uma toalha (de batismo).

Do pai:
um martelo
um alicate
uma torquês
duas flautas.

Da mãe:
um pilão
um caldeirão
um lenço.

KANT (RELIDO)

Duas coisas admiro: a dura lei
cobrindo-me
e o estrelado céu
dentro de mim.

O CORAÇÃO (PASCAL)

As ignotas
(des)razões
do
espanto.

DO ECLESIASTES

Há um tempo para
desarmar os preságios

há um tempo para
desamar os frutos

há um tempo para
desviver
o tempo.

AFORISMOS

Matar o pássaro eterniza
o silêncio

matar a luz elimina
o limite

matar o amor instaura
a liberdade.

LEMBRETES

É importante acordar
a tempo

é importante penetrar
o tempo

é importante vigiar
o desabrochar do destino.

A LOJA (DE RELÓGIOS)

I

O relógio
horologium
a hora
o logos.

II

Os peixes estão
no aquário
o touro está
na balança

e a virgem
parindo
os gêmeos.

III

Os relógios estão
na eternidade.

PIRÂMIDE

Ei-la
dor de milhares   força
de humanidade
anônima

(do faraó
nem cinzas).

NOTURNO

Os que nascem de noite
e, entre ossos, vigiam
          o fogo
os que olham os astros
e, oprimidos, respiram
          em cavernas

os que vão viver apesar
da escuridão e nos olhos
a luz clandestina
          acendem

os que não sonham, os que nascem
                de noite
não vieram brincar: seu peito
guarda uma só palavra.

AS COISAS SELVAGENS

— a firme montanha
 o mar indomável
 o ardente
 silêncio —

em tudo pulsa
e penetra
o clamor
do indomesticável destino.

CONTAMINAÇÃO

A madrugada futura
já existindo na lembrança
a memória in
 chando
o tempo vivo pin
 gando
 dos olhos.

(Tudo
contaminado de tudo.)

ÁGUAS

amargas
cobrem o
barco

as águas
salobras
trazem
o dilúvio, o naufrágio, o necessário
batismo.

Através do
silêncio
cai a
água

filtra-se
através do ser
a inextinguível
água
do silêncio.

O ESPELHO

O
espelho: atra
vés
de seu líquido nada
me des
dobro.

Ser quem me
olha
e olhar seus
olhos
nada de
nada
duplo
mistério.

Não amo
o espelho: temo-o.

VIAGEM

Viajar
mas não
para

viajar
mas sem
onde

sem rota   sem ciclo   sem círculo
sem finalidade possível.

Viajar
e nem sequer sonhar-se
esta viagem.

LÚDICOS

HABITAT

O peixe
é a ave
do mar

a ave
o peixe
do ar

e só o
homem
nem peixe nem
ave

não é
daquém
e nem de além
e nem

o que será
já em nenhum
lugar.

O ARISTOCRATA

O selvagem não
aprende
o selvagem não
se emenda
o selvagem não
se curva

(o mitológico selvagem).

MAYA

A mente
mente
e o corpo
(ah)
consente.

O ANTI-CÉSAR

Não vim.
Não vi.
Não havia guerra alguma.

DA METAFÍSICA (OU DA METALINGUAGEM)

O que é
o que
é?

Ó FLOR!

Publicitária.
Mitológica.
Andrógina.

CDA (IMITADO)

Ó vida, triste vida!
Se eu me chamasse Aparecida
dava na mesma.

CDA (RELIDO)

Caio ver
    ticalmente
    e me transformo.

HOMENAGENS

CDA
No meio
do caminho a flor
nasceu.

MB
A rosa só
(mas que calor
danado!)

A estrela d'alva, o
escândalo
a vontade de morrer

(mas era um calor
danado!)

J.J. Rousseau
*** les riches
 très sensibles
 dans toutes les parties
 de leurs biens.
 (Du contrat social)

HOMENAGEM II

Mário Quintana

PROGRAMAS

Exorcizar os ventos
anular as estátuas
recuperar os anjos
— instaurar a alegria.

Para instaurar jardins:
desencantar as fadas
dissolver os rochedos
devorar as esfinges.

A ESTRELA PRÓXIMA

A poesia é
impossível

o amor é mais
que impossível

a vida, a morte loucamente
impossíveis.

Só a estrela, só a
estrela
existe

— só existe o impossível.

BUCÓLICOS

GATHA

O vento, a chuva, o Sol, o frio
tudo vai e vem, tudo vem e vai.
Tenho a ilusão de estar sonhando.
Tenho o manto de Buda, que é nenhum.

MYOSEN XINGUE
(Meu nome como leiga Zen-budista)

O pássaro ines
        perado

O pássaro agreste. O
som
silencioso, vivo, dul
            císsimo.

      BEM-TE-VI!
      BEM-TE-VI!

Bem te vi, sim —
leve
pousado
no último — altíssimo —
no fragílimo galho.

Pássaro
no paraíso
dos pássaros.

Bem-te-vi (vendo-me?)
desenho
vivo
no último andar
de um sonho.

MENSAGENS

A cor
alada: borboleta
ou pétala?

Fresca asa per
passa
as mãos
abertas.

Sussurro
orelha
caramujo
antena

os cabelos ao
vento.

BUCÓLICA

Vaca
mansamente pesada

vaca
lacteamente morna

vaca
densamente materna

inocente grandeza: vaca

vaca no pasto (ai, vida,
simples vaca).

LAGO

Lua pen
    dente
lua tre
    mente
nas águas
    vivas.

ODE

Neste tudo
tudo falta

(neblina)

e nesta
falta: eis
tudo.

ROSAS

As rosas
(brancas)
as claras rosas
calam-se
e floresce o silêncio.

Flor
terra
silêncio
vento

ausência de
pensamento.

Encanto
e
espanto;

o adorável
adorante
helianto.

Simples
a água

o amor
mais simples.

Luz
fria. Pelos caminhos
as rosas brancas
em lágrimas.

A chuva
lavou-me
toda
sem deixar vestígios
de ontem.

Pedrinha
redonda
fria

estrela branca nas
águas.

Noite
vaso
negro

e o silêncio uma flor
branca.

NUVEM

Asa sem
pássaro
se vai ou
vem
se vem ou
  vai
  quem
  sabe?

Leve   vazia   branca.

A flor do
céu. A forma
do silêncio.

JARDIM

Frescas sombras de
bruçam-se
nas águas

fontes
  jorram   pedras
          calam-se

brilho das
flores:
  incendiada doçura.

Tão ácida a
sede
e a água
tão breve.

    * * *

Tão instantâneo
o pássaro: nem mesmo
o voo é captado
pelas águas.

Chegam os
　　pássaros

　　devoram
　　frutos
　　picam
　　grãos
　　vivos

e álacres
partem
　　(sonho de
　　pássaros)

　　　eternos
　　　aéreos
　　　livres

Semeio sóis
e sons
na terra viva

afundo os
pés
no chão: semeio e
passo.

Não me importa a colheita.

MITOLÓGICOS

COR

Canto o mar púrpura e as insolentes
naves
que sangraram horizontes
canto o mar cor de vinho o
vinho
púrpura púrpura   o puro púrpura
canto.

LENDA

Na raiz cega deste espanto
há um cristal: quem o fitar

ah, quem o fitar
com os olhos em sangue
com as mãos em sangue
com o sangue vivo

quem o fitar não dormirá
mas será cristal de espanto

— ficará lúcido para sempre.

DOM QUIXOTE

És filho do desejo e do espírito
e (como a carne é impureza) a loucura
não te salva de ser, e cais

Triste Figura mesmo
se o delírio te eleva
à potência do abismo

Triste Figura mesmo
na alta planície em que
eternizado, morres

herdeiro do desejo e do espírito.

DRAGÃO

Do amor sem
fundo
— do
  inominável —

o dragão: raio
        densa
        energia
        ascende

e ao
sacro
ímpeto
que amor
resiste?

Rasgam-se os
véus
do inominado.

REBECA (II)

A moça do cântaro e
seu
silêncio de água
e de barro.

O PROFETA

O profeta prevê
um extenso
silêncio.

A queda
se deu: na pedra
nenhuma interrogação.

(O profeta sorri
tranquilamente.)

ANTIGÊNESIS

Abóbada par
tida
os céus
se rompem.
Terra solvida. Vida finda. O
Sopro
reabsorve-se

e a escuríssima
água
bebe
a
luz.

ANANKE

Não há culpa
não há desculpa
não há perdão.

ESCONJURO

Vai-te, Selene, vai-te daqui
vampira
Diana estéril selvagem
assassina

vai-te, vai-te daqui, noiva do Hades
Perséfone
vai-te caveira pedra morta
Medusa

vai-te, Medeia feiticeira, Circe,
dona do abismo amargo do mar
doido
dona do mênstruo, vai!

Vai-te daqui, cadela
Helena infame
vai-te, luz falsa, vai-te
puta virgem

infernal Hécate! Vai-te daqui
VAI!

ESFINGE

Não há perguntas. Selvagem
o silêncio cresce, difícil.

ANTIGOS

ORIGEM

Nem flor nem folha mas
raíz
absoluta. Amarga.

    Nem ramos nem botões. Raiz
      íntegra. Sórdida.

    Nem tronco ou
    caule. Nem sequer planta
    — só a raiz
      é o fruto.

CENTRO (II)

O querubim arde no adro, erguendo
sua alada cabeça, essência
apenas

o querubim arde no adro, e a
pedra
em que se encarna, arde
no fogo
de sua integridade
absoluta.

DUAS ODES (ANTIGAS)

Deserta é a praia, e grande.
Estéreis os coqueiros, inúteis
e, na areia, demarcação de água
e terra, paz
vazia a concha: nem mesmo
a espera a fecunda.

A tarde em mim se repete
num tempo irreal, decadência
obstinada, onde o
silêncio
nunca é completamente
treva

A tarde em mim se repete
configurando uma distância
irrealizada, evanescência
onde nunca anoitece.

A tarde em mim se
repete
e nunca surgem as estrelas.

SAL

Cristal envol
vendo o
ramo

    sal envol
    vendo o
    sal
    sal envolvendo-se

        cristal único estéril
        mar em branco.

BOTÂNICA

Da planta tiro a
flor:
cor estruturada
em torno da
origem.

Da flor tiro as
várias
vestes
as sépalas e as
pétalas
— proteções e
 ornamentos.

Do núcleo floral
puro
retiro o
 androceu
 e o indefeso
 estigma

e — anulada a
 flor —
eis-nos de volta à
planta
pelo fruto.

A PAZ

não reconstrói: elide
a trama e o verbo.

A Paz
não organiza: explode
o núcleo-tempo.

A Paz
não é letal: vivifica.

A Paz
não apazigua: fere.

A Paz
não acalma: renova
o ser e o sangue.

CEIA

A mesa, todos
interligados
pela realidade do alimento
pelo universo único
do ser
a mesa, todos
coexistem no júbilo
comungando a oferta pura das coisas.

PARTILHA

Partilharemos somente
o que em nós se
continua:
a singeleza
a luta
a esperança.

Partilharemos somente
esta maior intensidade:
absoluta palavra
que nos pertence integralmente.

Partilharemos somente
o pão unificado
e a água sem face.

SONETO À MINHA IRMÃ

(nascida morta)

No opaco silêncio estátuas virgens
de sal e luz tombaram, desmembradas,
no abismo das lúcidas origens
dormem nomes e formas olvidadas.

Dormem — não se levantam — primitivas
ideias puras no limbo fenecidas
pulcras estátuas virgens, mas cativas,
à luz total do ser não prometidas.

Na memória elas pesam como puro
tormento, arremessadas neste escuro
poço das coisas frustras, não nascidas:

assim vives em mim, irmã, singela
pulsas em mim como a visão mais bela
entre rosas sepultas e queridas.

26.2.62

Alta agonia é ser, difícil prova:
entre metamorfoses superar-se
e — essência viva em pureza suprema —
despir os sortilégios, brumas, mitos.

Alta agonia é esta raiz, pureza
de contingência extrema a abeberar-se
nos mares do Ser pleno e, arrebatada,
fazer-se única em seu lúcido fruto.

Alta agonia é ser: essencial
tarefa humana e sobre-humana graça
de renascermos em solidão vera

e em solidão — dor suportada e glória —
em nossa contingência suportarmos
o peso essencial do amor profundo.

25.10.63

Cansa-me ser. A chaga inumerável
de mim cintila; sem palavras, úmida
fonte rubra do ser, anseio e tédio
de prosseguir, inabitada, viva.

Prosseguir. Ai, presença ignorada
do ser em mim, segredo e contingência,
espelho, cristal raso, submerso
na eternidade do existir, tranquilo.

Cansa-me ser. Ai chaga e antigo sonho
de áureas transmutações e vidas outras
além de mim, além de uma outra vida!

Mas amolda-me o ser. Prende-me a essência
(raiz profunda e vera) a imutável
condição de ser fonte e ser ferida.

23.7.64

Casa lúcida, habitada
de denso vazio vivo
altas janelas cerradas
na madrugada e no sonho.

Lâmpada estrita, contida,
área densa, iluminada,
agudas metamorfoses
de sentido amargo, estranho.

Intimidade velada
ácida e intensa do ser
com a pura imagem, vera.

Contato de si consigo,
Casa lúcida. Visão
na madrugada. E no sonho.

1.11.64

Olhos vertidos no desamparo extremo
o ser se exaure. Céu de desamparo.
Olhos concisos de ser. Nem mais as lágrimas
mas ser exato, em nítido cansaço

vertido, extremo e puro, no silêncio
do maior desamparo se exaurindo.
Chama despida, extremo ser. Nem forma
nem instante o contém. Lúcido abismo.

Noite abstrata do desamparo extremo
em que o ser se desnuda, exato e nítido!
Que morte é mais vital, que a extrema chaga

do ser: silêncio em desamparo abrindo?
Céu extremo de ser, a chama exausta
sua própria luz consome, e vai florindo.

4.2.65

Lentamente ferido
de consentido sono
o pensamento é cúmplice
de estrangeiro universo.

Visões sem tempo o cercam
e as deformadas lâmpadas
sensibilizam mundos
a uma luz mais antiga

um onírico raio
de desejo incriado
que o penetra de ser

que lentamente o fere
de um sono essencial
entre o mistério.

20.4.65

Os domínios da luz, onde as potências
se integram no equilíbrio de uma forma
os domínios da luz, parque tranquilo
sobrevoado de aspiração viva.

O jardim de água lúdica, palavra,
totalidade branca sobre os cimos
abstrato jardim onde tramamos
nossa morte sutil, esplendor branco.

Os domínios da luz: ápice incerto
além da luta, do áspero segredo
que nos habita e nos espanta. Parque

raramente fitado entre gradis
e jamais visitado entre a dolência
a intensa angústia da fronteira em que estamos.

       17.3.67

Inútil a ternura pelo leve
momento a desprender-se do infinito:
frágil, a construção do tempo é morte
do que se atualiza. Mais fecundo

é secundar o pássaro buscando
o momento possível, voo pleno.
Mais fecundo é voar. Mas a ternura
(este pássaro morto abandonado

como forma perdida de nós mesmos)
nos alimenta em sua sombra. Torna-nos
em sombras sem alento. E sofremos

como pássaros frágeis: desprendidos
do voo pleno nos cristalizamos
realizando a morte em que vivemos.

4.4.67

O branco é campo para o desespero
é quando sem infância persistimos
e nos fita de face a luz sem pausa
da memória suspensa (tempo em branco).

O branco é luz aberta: existimos
sem sombra de segredo, sem mais causa
sem mais infância em nós. É desespero
nos fixando (puro campo branco).

O branco é branco apenas. Sem refúgio
insistimos na luz. A luz constrói
a flor em nós (sua rosácea branca).

O branco é campo para a crueldade
onde nos encontramos: tenso espaço
na luz vivente (branco apenas, branco).

17.5.68

Teia
[1996]

Para

Roswitha Kempf

In memoriam

*A lucidez
alucina*

*"Todas as grandes
coisas
são difíceis
e raras"*

SPINOZA

FALA

TEIA

A teia, não
mágica
mas arma, armadilha

a teia, não
morta
mas sensitiva, vivente

a teia, não
arte
mas trabalho, tensa

a teia, não
virgem
mas intensamente
        prenhe:

no
centro
a aranha espera.

FALA

Falo de agrestes
pássaros　　de sóis
　　que não se apagam
　　de inamovíveis
　　pedras

　　de sangue
　　vivo　　de estrelas
　　que não cessam.

　　Falo do que impede
　　o sono.

COISAS

mescladas
a esmo:
o fim o infinito
o mesmo

a hora e sua
seta
o limite e o após
a meta

o justo e o demais
também
— a beleza e seu
além.

EXEMPLOS

Platão
fixando as formas

Heráclito
cultuando o fogo

Sócrates
fiel ao seu Daimon.

CARTILHA

Foi de poesia
lição
primeira:

"a arara morreu
na
aroeira".

MAIÊUTICA

Gerar é escura
lenta
forma in
        forme

gerar é
força
silenciosa
firme

gerar é
trabalho
opaco:

só o nascimento
grita.

JOÃO

De barro
o operário
e a casa

(de barro
o nome
e a obra).

II

O pássaro-operário
madruga:

construir a
casa
construir o
canto

ganhar — construir —
o dia.

III

O pássaro
faz o seu
trabalho
e o trabalho faz
o pássaro.

IV

O duro
impuro
labor: construir-se.

V

O canto é anterior
ao pássaro

a casa é anterior
ao barro

o nome é anterior
à vida.

PARA CDA

I

O boi é só. O boi é
só. O
boi.

II

Que século, meu Deus! disseram
os ratos.

III

Perdi o bonde
(e a esperança), porém
garanto
que uma flor nasceu.

IV

Ôpa, carlos: desconfio
que escrevi um poema!

DITADO

I

Mais vale um
pássaro
na mão pou
      sado
que o voo da
ave além
do sangue.

II

Mais vale o
canto
agreste
do que o vívido
silêncio branco
além do humano
sangue.

III

Mais vale a
luz
aberta
do que austera
noite primeva para além
do sangue.

IV

Mais vale o
pássaro
mais vale o
sangue.

AXIOMAS

AXIOMAS

Sempre é melhor
saber
   que não saber.

Sempre é melhor
sofrer
que não sofrer.

Sempre é melhor
desfazer
que tecer.

Sem mão
não acorda
a pedra

sem língua
não ascende
o canto

sem olho
não existe
o sol.

voo

Ter
asas
é não ter
cérebro.

ter
cérebro
é não ter
asas.

NEWTON (OU A GRAVIDADE)

I

>A maçã
>cai
>e os astros
>dançam.

II

>O abismo atrai
>o abismo: caio
>⠀⠀⠀⠀em
>⠀⠀⠀⠀⠀mim.

SOL

Sol
inconsciente

Sol
de negro cerne

Sol
aureolado de luz.

KAIRÓS

Quando pousa
o pássaro

quando acorda
o espelho

quando amadurece
a hora.

CARTA

Da
vida
não se espera resposta.

MÃO ÚNICA

— é proibido
voltar atrás
e chorar.

POLICIAL

Culpados
ou
cúmplices
nunca temos
álibi:

por força, estamos
aqui.

HAMLET

… mais filosofias
que coisas!

O ANTIPÁSSARO

O ANTIPÁSSARO

Um pássaro
seu ninho é pedra

seu grito
metal cinza

dói no espaço
seu olho.

Um pássaro
pesa
e caça
entre lixo
e tédio.

Um pássaro
resiste aos
céus. E perdura.
Apesar.

FATOS

... fatos
são pedras duras.

Não há como fugir.

Fatos são palavras
ditas pelo mundo.

(*Extraído de* A hora da Estrela, *de Clarice Lispector.*)

NUDEZ

Nudez. O
corpo
   denso amargamente
   impuro.

   Nudez. A
   febre
   a totalidade
   informe.

   Nudez até
   o cerne
   o grito o lixo
   o ignóbil.

   Nudez
   até o osso
   até a impossível
   verdade.

Comer o
vinho
beber o
pão
nesta luz (natural?) da
desrazão.

ADIVINHA

O que é impalpável
mas
pesa

o que é sem rosto
mas
fere

o que é invisível
mas
dói.

MEMÓRIA

A cicatriz, talvez
não indelével

o sangue
agora
estigma.

VER

Ver
o avesso
do sol o
ventre
do caos os
ossos.

Ver. Ver-se.
Não dizer nada.

DO PODER

Dentes: positivos.

Presas a
preendem
incisivos
cortam.

Dentes: decisivos.

EROS II

O amor não
vê

o amor não
ouve

o amor não
age

o amor
não.

TEOLOGIA

Não sou um deus, Graças a todos
os deuses!
Sou carne viva e
sal. Posso morrer.

GALO
[NOTURNOS]

GALO

Canta o galo e a
noite
se aprofunda
em plena meia
noite: o galo
é negro.

Galo abissal — galo invisível
canta
e tudo o mais se cala. No
vazio
só — opaco — per
siste
o galo
negro.

GATOS

I

Os gatos
secretos
saltam

somem no abstrato
escuro.

II

Gatos no
negro
fluem: fosforecem

arranham vidros   destroçam
espectros
farejam todos
os rumos.

III

    No vácuo
    insone   na meia-noite
    lúcida
    cuidado: gatos
    agindo.

    Numa hora
    secreta
    as águas
    dormem

    (rios detidos
       fontes inertes
          introvertido oceano)

    numa hora
    impossível
    cessa o
         fluxo

    e eis a
    estrela: amor
    cristalizado.

FLORES

Flores
negras no negro
inéditas

flores
opacas (nenhuma
estrela).

Nunca
irão saber que são
flores.

NOTURNOS

I

Ultrapassar a
face: negro
amor
consteladamente
vivo.

II

Acolher o
vazio. Dissolver-se.
Refugiar-se no abismo.

III

E anulado
o espelho: eis
o infinito.

NOITE

Esconder (esquecer)
a face

soterrar (ocultar)
a luz

escurecer o
amor
dormir.

Aguardar o que nasce.

PRECE

Senhora
das feras
e esferas

Senhora
   do sangue
   e do abismo

   Senhora
   do grito
   e da angústia

   Senhora
   noturna
   e eterna

   — escuta-nos!

FIGURAS

NUNC

Meio-dia cristal
ácido

meio-dia amor
sem sombra.

CÍRCULO

O círculo
é astuto:
enrola-se
envolve-se

autofagicamente.

Depois
explode
— galáxias! —

abre-se
vivo
pulsa

multiplica-se

divindadecírculo
perplexa
(perversa?)

o unicírculo
devorando
tudo.

ESTRELA

Estrela esplendor
estéril
selvática
solitude

estrela inútil
ímpeto
energia
amor casto ab
soluto

estrela estrela lúcida
demência
dura estrela explosão
pura.

METAIS

Os metais nascem da paciência
surda da terra   fundem-se em
                    silêncio.

Os metais crescem
ferozmente
(cristais vibrantes se
            acasalam).

Os metais pulsam
cruelmente
nunca dormem nem
sonham
— meditantes.

Os metais se
entretecem
fundamente

— metais cantam no
  âmago
  do tempo.

POMBA

Arrulhos cio
céus pertur
     bados

asas cin
zentas
cinza Afrodite
ave!

(amor
cegueira exata).

AS DEUSAS

EÓS
cadela:
libérrima

despetalada
e eterna.

ATENAS
Invisível
teia

de
vento
de luz
de
névoa?

teia
viva
senha e
signo

a mente une todas
as coisas.

JOIA

O brilho
feliz
da gema

a luz concreta
do cristal: ordem
 viva.

AMETISTA

Violeta
signo

violeta
limiar

violeta ultra
     passagem.

DESEJOS

Um gato
e um girassol
feliz.

Uma nudez sem nome.

Um imaculado
vinho.

CASULO

Casulo:
trabalho

oculto
trabalho
do sono.

Seda:
trabalho

borboleta
futura.

Sono:
trabalho

ardente trama
da meta
morfose.

NARCISO (JOGOS)

Tudo
acontece no
espelho.

A fonte
deságua na própria
fonte.

Leio
minha mão:
livro
único.

Um deus
olho
ôlho no
ôlho.

A vida é que nos tem: nada mais
                    temos.

A luz está
em nós: iluminamos.

A aventura
— a
　ventura —
fluir
sempre.

Nunca amar
o que não
vibra

nunca crer
no que não
canta.

Vemos por espelho
e enigma

(mas haverá outra forma
de ver?)

O espelho dissolve
o tempo

o espelho aprofunda
o enigma

o espelho devora
a face.

VÉSPER
[FINAIS]

JOGO

Como a túnica é uma
só
os dados rolam
no verde.

Como a túnica é
única
são necessários
os dados.

Seis faces brancas e os
signos
que decidirão
a posse:

um movimento, um
risco
e a decisão no
verde
impressa.

A túnica
permanecerá intacta.

TOALHA

Pano branco.
Integralmente branco.

(Material mas
suspenso
na brancura).

Branco
Que as formas nascem... ah,
tão branco
véu

para receber o sangue
de todas
as coisas.

PORTA

O estranho
bate:
na amplitude interior
não há resposta.

É o estranho (o irmão) que bate
mas nunca haverá
resposta:

muito além é o país
do acolhimento

CANTIGA

Ouvir um
pássaro
é agora ou
nunca

é infância ou
puro
momento?

Ouvir um
pássaro
é sempre

(dói fundo no
pensamento).

PESCA

I

A beira do rio o silêncio
dos peixes
a beira rio nem
a espera.

II

A água não cessa
e o rio
nunca passa.

III

A beira rio
a lucidez
a
pedra

e a pedra é
pedra: não germina.
Basta-se.

A PAISAGEM NATAL

I

A teoria
azul dos montes
longe.

II

As montanhas arcaicas, ventre
de um Sol perfeito
de uma infinita
Lua

e os ventos de agosto, a
névoa
elidindo montanhas
sóis e
tudo.

III

Esta estrada...
Névoas

Nenhum murmúrio.
Nada.

Passamos (e o Sol
fenece).

Jamais haverá volta.

BALADA

Os anjos são
livres.

Podemos sofrer
podemos viver
o acontecer
único

— os anjos são
livres —

podemos morrer
inocentemente

— e os anjos são
livres
até da inocência.

APOCALIPSE

Uma estrela
atrai
a luz

uma estrela
suga
o resto do
resto, o
silêncio

elide os deuses, im
plode

acaba morre
finalíssi
mamente.

ANJO

I

Um anjo
é fogo:
consome-se.

Um anjo
é olhar:
introverte-se.

II

Um anjo
é cristal:
dissolve-se.

Um anjo
é luz
e se apaga.

VÉSPER

A estrela da tarde está
madura
e sem nenhum perfume.

A estrela da tarde é
infecunda
e altíssima:

depois dela só há
o silêncio.

Poemas inéditos
[1997–1998]

VENTO

um vento
brusco
sacudiu palmas
varreu a
vida

um
vento
elidiu as
manchas
da vida.

ovo

      O
     ovo
em silêncio
trabalha
espera
trans
muda-se

      O
     ovo
silêncio
vivo

      O
     ovo
vibra
preparando
o
voo

UTOPIA

I

Poema: casa
ao contrário

o exato in
verso
do abrigo.

II

Avisos. Perigos. Fugas-
Alta tensão nas
              torres.

III

Poema: abrigo
im
possível

casa jamais
habitada

AVENTURA

Sus
pense entre
        o chão e o
signo

névoa o
agora
e o próximo pas
so in
        certo

ser — horizonte —
continua
mente em
aberto.

I

      Só é paraíso
ontem
      porém amanhã
tem circo.

II

Paz?
no futuro.
Glória?
no passado.

III

Nunca há paraíso
aqui e
agora

— mas amanhã tem circo!

LÁPIDE

Resta uma
sombra
soçobro

a memória sem
porque

resta um
ovo
oco
talvez lenda

pobre nome
vazio.

Que fazer do
raro
pássaro

protegê-lo com meu
sangue
integrá-lo no meu
tempo?

Ah como é livre.

Que fazer do
raro
pássaro

liberá-lo no
infinito
no azul friamente
ingrato?

Ah como é frágil.

Frágil leve
livre.

O que
fazer:

soltá-lo
engaiolá-lo
comê-lo?

DA POESIA

Um
gato tenso
tocaiando o silêncio

O aberto
vive

chaga e/ou
estrela
é
eterno.

O aberto
brilha
destrói muros
amor intenso
e livre.

Este momento: arisco

alimenta-me mas
foge
e inaugura o aberto
do tempo.

Que vem
depois?
o
depois.

O que é
certo?
o mais
incerto

o indefinido o
aberto.

TARDE

A tarde o
vinho
nada esclarece
e mais tarde não há
lua.

A tarde os espelhos
sangram
nada se profetiza
e é certo: não haverá
lua.

(A tarde
já é muito, muito
tarde).

I

    Manhã. Um pássaro
    canta
    e não entende
    o que canta

II

    No canto
    o pássaro
    vive

    sem compreender
    que canta.

Um burrinho
rumina

emburradíssimo
burro: Burrinho
burramente
inocente.

Sono. Bocejos. Tédio...

E
no entanto
nosso século fez
tudo
pra merecer — demais —
o Apocalipse.

Lago

Espelho anterior
aos olhos
fonte sem nenhuma
imagem

água infinita da
infância.

Um pássaro
é pássaro
em voo

um pássaro
vive
no voo

um pássaro
vale
se voa

um pássaro
voa
voa.

O AGUADEIRO

Derramar um
cântaro

um canto
deixar fluir
o novíssimo
encanto.

CORES

Equilibrar-se em
vermelho.

Evitar o rosa.

Despetalar o amarelo.

Transcender-se em
violeta.

Colher algum azul
se possível.

AUTOIMAGEM

Por ser cego e
irrefletido
meu espelho disse
a verdade:

quebrei-o.

Sete anos
sete anos
sete anos de
enganos!

A atenção não
cria: cuida.

Deixa florescer
o instante
e transparecer
o núcleo.

TEOLOGIA II

Deus existir
ou não: o mesmo
escândalo.

A onda
vem
do abismo mais
fundo

a onda
vem
e se
quebra: um
refundo

(a onda
dura
um mundo).

I

A noite é
incolor
giros

Melhor é se é vida
agasalha
galáxias
e germes.

Mas só o dia vibra.

II

A noite é
austera
refúgio

Melhor útero
quantas
essências. Silêncios
Mas só o dia vibra.

O voo
pensa-se   o pensamento
                              voa.

A espiral
— abriga
o círculo

A aurora se
mantém: a eternidade
é intacta.

Índice

Introdução, *por Luis Dolhnikoff*   7

POESIA COMPLETA   21

Transposição   23
   I BASE   27
      Transposição 29
      Tempo 30
      Arabesco 31
      Pedra 32
      Poema I 33
      Meada 34
      Ludismo 35
      Mãos 36
      Salto 37
      Laboratório 38
      Tato 39
      Núcleo 40
      Desafio 41
      Poema II 42
      Diálogo 43
      Quadros 44
      Série 46
   II (—)   47
      Fala 49
      Pouso 50
      Rosa 51

Meio-dia 52
Revelação 53
Ode I 54
Destruição 55
Torres 56
Coros 57
Círculos 58
Claustro 59
Múmia 60
Caramujo 61
Rota 62
Notícia 63
Acalantos 64
III (+) 67
Ode II 69
Ode III 70
Lavra 71
Voo 72
Vermelho 73
Girassol 74
Gesto 75
Sensação 76
Fronde 77
Luz 78
Aurora 79
Média 80
Reflexo 81
IV FIM 83
Questões 85
Sede 86
Fluxo 87
Rebeca 88
O nome 89

    O equilibrista 90
    Advento 91
    Estrela 92
    Dispersão 93
    A estátua jacente 94
Helianto   97
    Helianto 101
    Alvo 102
    Rosácea 103
    Sob a língua 104
    Impressões 105
    Marca 106
    Herança 107
    Minério 108
    Tela 109
    Escultura 111
    Forma 112
    Poemas do leque 113
    Caleidoscópio 116
    Sol 117
    Prata 118
    Onde a fonte? 120
    As sereias 121
    Fera 122
    Aurora (II) 123
    Tato (II) 124
    Sete poemas do pássaro 125
    Para fixar 127
    Oscila 128
    As estações 129
    Ciclo 130
    Estrelas 131
    Jogo 132

São Sebastião 133
Gigantomaquia 134
Astronauta 135
A rosa (atualmente) 136
Tabela 137
O canto 138
Stop 139
Nau 140
Oposição 141
Odes 142
Eros 144
Templo 145
Voo (II) 146
Composição 147
O gato 148
Gênesis 149
Figuras 150
Paraíso 151
Sonho 152
Repouso 153
Poemetos 154
Ode 156
Elegia (I) 157
Elegia (II) 158
A paisagem em círculo 159
Claustro (II) 160
Estrada 161
Termo 162

Alba   163

Alba 169
Poema 170
Vigília 171
Clima 172

Pouso (II) 173
Cisne. 174
Composição 175
Trama 176
Bodas de Caná 177
As trocas 178
Caça 179
A mão 180
Trovões 181
Prometeu. 182
Touro 183
Centauros 184
Peixe. 185
Uvas 186
Mito 187
Mosaico. 188
Penélope 189
Relógio 190
As parcas. 191
Odes 192
Poemetos (II) 193
Murmúrio 195
Mapa. 196
Noturno. 197
Alba (II) 198
Alba (III) 199
Antártida 200
Espelho 201
Espelho (II). 202
Rosa (II). 203
Nau (II) 204
Ciclo (II) 205
Fonte. 206

    Silêncio 207
    Nudez 208
    Migração 209
    Via 210
    Rio (ii)..................................... 211
    Flama 212
    Ode....................................... 213
    Ode (ii) 214
    Reflexos.................................... 215
    Letes...................................... 216

Rosácea   217

  novos   221

    Aurora..................................... 223
    Iniciação 224
    Errância.................................... 225
    Coruja..................................... 226
    Estrela..................................... 227
    Herança.................................... 228
    Kant (relido)................................ 229
    O coração (pascal) 230
    Do eclesiastes 231
    Aforismos 232
    Lembretes 233
    A loja (de relógios)........................... 234
    Pirâmide 235
    Noturno.................................... 236
    As coisas selvagens 237
    Contaminação............................... 238
    Águas 239
    O espelho................................... 240
    Viagem 241

  lúdicos   243

    Habitat 245

O aristocrata..................... 246
Maya........................ 247
O anti-César..................... 248
Da metafísica (ou da metalinguagem) 249
Ó flor!........................ 250
CDA (imitado)..................... 251
CDA (relido).................... 252
Homenagens..................... 253
Homenagem II 254

BUCÓLICOS   255
Gatha....................... 257
O pássaro inesperado 258
Bem-te-vi...................... 258
Mensagens..................... 259
Bucólica...................... 260
Lago 261
Ode........................ 262
Rosas....................... 263
Nuvem....................... 266
Jardim....................... 267

MITOLÓGICOS   271
Cor........................ 273
Lenda 274
Dom Quixote 275
Dragão 276
Rebeca (II) 277
O profeta...................... 278
Antigênesis 279
Ananke 280
Esconjuro...................... 281
Esfinge 282

ANTIGOS   283
Origem 285

  Centro (II) 286
  Duas odes (antigas) 287
  Sal 288
  Botânica. 289
  A paz. 290
  Ceia 291
  Partilha 292
  Soneto à minha irmã 293

Teia   303

 FALA   307
  Teia. 309
  Fala. 310
  Coisas 311
  Exemplos. 312
  Cartilha. 313
  Maiêutica. 314
  João 315
  Para CDA 317
  Ditado. 318

 AXIOMAS   321
  Axiomas 323
  Sem mão 324
  Voo. 325
  Newton (ou A gravidade) 326
  Sol 327
  Kairós 328
  Carta. 329
  Mão única 330
  Policial 331
  Hamlet 332

 O ANTIPÁSSARO   333
  O antipássaro 335
  Fatos 336

Nudez 337
  Comer o vinho 338
  Adivinha 339
  Memória 340
  Ver 341
  Do poder 342
  Eros II 343
  Teologia 344
GALO [NOTURNOS]   345
  Galo 347
  Gatos 348
  Flores 350
  Noturnos 351
  Noite 352
  Prece 353
FIGURAS   355
  Nunc 357
  Círculo 358
  Estrela 359
  Metais 360
  Pomba 361
  As deusas 362
  Joia 363
  Ametista 364
  Desejos 365
  Casulo 366
  Narciso (jogos) 367
VÉSPER [FINAIS]   377
  Jogo 379
  Toalha 380
  Porta 381
  Cantiga 382
  Pesca 383

A paisagem natal. 384
Balada 385
Apocalipse 386
Anjo 387
Vésper 388
Poemas inéditos 389
Vento 391
Ovo. 392
Utopia 393
Aventura 394
Só é paraíso ontem 395
Lápide 396
Que fazer do raro 397
Da poesia. 398
O aberto. 399
Este momento: arisco 400
Que vem depois? 401
Tarde. 402
Manhã. Um pássaro 403
Um burrinho 404
Sono. Bocejos. Tédio... 405
Lago 406
Um pássaro. 407
O aguadeiro 408
Cores. 409
Autoimagem. 410
A atenção não cria 411
Teologia II 412
A onda. 413
A noite é incolor. 414
O voo. 415
A espiral 416
A aurora se mantém 417

COLEÇÃO HEDRA

1. *Iracema*, Alencar
2. *Don Juan*, Molière
3. *Contos indianos*, Mallarmé
4. *Auto da barca do Inferno*, Gil Vicente
5. *Poemas completos de Alberto Caeiro*, Pessoa
6. *Triunfos*, Petrarca
7. *A cidade e as serras*, Eça
8. *O retrato de Dorian Gray*, Wilde
9. *A história trágica do Doutor Fausto*, Marlowe
10. *Os sofrimentos do jovem Werther*, Goethe
11. *Dos novos sistemas na arte*, Maliévitch
12. *Mensagem*, Pessoa
13. *Metamorfoses*, Ovídio
14. *Micromegas e outros contos*, Voltaire
15. *O sobrinho de Rameau*, Diderot
16. *Carta sobre a tolerância*, Locke
17. *Discursos ímpios*, Sade
18. *O príncipe*, Maquiavel
19. *Dao De Jing*, Lao Zi
20. *O fim do ciúme e outros contos*, Proust
21. *Pequenos poemas em prosa*, Baudelaire
22. *Fé e saber*, Hegel
23. *Joana d'Arc*, Michelet
24. *Livro dos mandamentos: 248 preceitos positivos*, Maimônides
25. *O indivíduo, a sociedade e o Estado, e outros ensaios*, Emma Goldman
26. *Eu acuso!*, Zola | *O processo do capitão Dreyfus*, Rui Barbosa
27. *Apologia de Galileu*, Campanella
28. *Sobre verdade e mentira*, Nietzsche
29. *O princípio anarquista e outros ensaios*, Kropotkin
30. *Os sovietes traídos pelos bolcheviques*, Rocker
31. *Poemas*, Byron
32. *Sonetos*, Shakespeare
33. *A vida é sonho*, Calderón
34. *Escritos revolucionários*, Malatesta
35. *Sagas*, Strindberg
36. *O mundo ou tratado da luz*, Descartes
37. *O Ateneu*, Raul Pompeia
38. *Fábula de Polifemo e Galateia e outros poemas*, Góngora
39. *A Vênus das peles*, Sacher-Masoch — edição de bolso
40. *Escritos sobre arte*, Baudelaire
41. *Cântico dos cânticos*, [Salomão]
42. *Americanismo e fordismo*, Gramsci
43. *O princípio do Estado e outros ensaios*, Bakunin
44. *O gato preto e outros contos*, Poe
45. *História da província Santa Cruz*, Gandavo
46. *Balada dos enforcados e outros poemas*, Villon
47. *Sátiras, fábulas, aforismos e profecias*, Da Vinci

48. *O cego e outros contos*, D.H. Lawrence
49. *Rashômon e outros contos*, Akutagawa
50. *História da anarquia (vol. 1)*, Max Nettlau
51. *Imitação de Cristo*, Tomás de Kempis
52. *O casamento do Céu e do Inferno*, Blake
53. *Cartas a favor da escravidão*, Alencar
54. *Utopia Brasil*, Darcy Ribeiro
55. *Flossie, a Vênus de quinze anos*, [Swinburne] — edição de bolso
56. *Teleny, ou o reverso da medalha*, [Oscar Wilde] — edição de bolso
57. *A filosofia na era trágica dos gregos*, Nietzsche
58. *No coração das trevas*, Conrad
59. *Viagem sentimental*, Sterne
60. *Arcana Cœlestia e Apocalipsis revelata*, Swedenborg
61. *Saga dos Volsungos*, Anônimo do séc. XIII
62. *Um anarquista e outros contos*, Conrad
63. *A monadologia e outros textos*, Leibniz
64. *Cultura estética e liberdade*, Schiller
65. *A pele do lobo e outras peças*, Artur Azevedo
66. *Poesia basca: das origens à Guerra Civil*
67. *Poesia catalã: das origens à Guerra Civil*
68. *Poesia espanhola: das origens à Guerra Civil*
69. *Poesia galega: das origens à Guerra Civil*
70. *O chamado de Cthulhu e outros contos*, H.P. Lovecraft
71. *O pequeno Zacarias, chamado Cinábrio*, E.T.A. Hoffmann
72. *Tratados da terra e gente do Brasil*, Fernão Cardim
73. *Entre camponeses*, Malatesta
74. *O Rabi de Bacherach*, Heine
75. *Bom Crioulo*, Adolfo Caminha
76. *Um gato indiscreto e outros contos*, Saki
77. *Viagem em volta do meu quarto*, Xavier de Maistre
78. *Hawthorne e seus musgos*, Melville
79. *A metamorfose*, Kafka
80. *Ode ao Vento Oeste e outros poemas*, Shelley
81. *Oração aos moços*, Rui Barbosa
82. *Feitiço de amor e outros contos*, Ludwig Tieck
83. *O corno de si próprio e outros contos*, Sade
84. *Investigação sobre o entendimento humano*, Hume
85. *Sobre os sonhos e outros diálogos*, Borges | Osvaldo Ferrari
86. *Sobre a filosofia e outros diálogos*, Borges | Osvaldo Ferrari
87. *Sobre a amizade e outros diálogos*, Borges | Osvaldo Ferrari
88. *A voz dos botequins e outros poemas*, Verlaine
89. *Gente de Hemsö*, Strindberg
90. *Senhorita Júlia e outras peças*, Strindberg
91. *Correspondência*, Goethe | Schiller
92. *Índice das coisas mais notáveis*, Vieira
93. *Tratado descritivo do Brasil em 1587*, Gabriel Soares de Sousa
94. *Poemas da cabana montanhesa*, Saigyō
95. *Autobiografia de uma pulga*, [Stanislas de Rhodes]
96. *A volta do parafuso*, Henry James
97. *Ode sobre a melancolia e outros poemas*, Keats

98. *Teatro de êxtase*, Pessoa
99. *Carmilla — A vampira de Karnstein*, Sheridan Le Fanu
100. *Pensamento político de Maquiavel*, Fichte
101. *Inferno*, Strindberg
102. *Contos clássicos de vampiro*, Byron, Stoker e outros
103. *O primeiro Hamlet*, Shakespeare
104. *Noites egípcias e outros contos*, Púchkin
105. *A carteira de meu tio*, Macedo
106. *O desertor*, Silva Alvarenga
107. *Jerusalém*, Blake
108. *As bacantes*, Eurípides
109. *Emília Galotti*, Lessing
110. *Contos húngaros*, Kosztolányi, Karinthy, Csáth e Krúdy
111. *A sombra de Innsmouth*, H.P. Lovecraft
112. *Viagem aos Estados Unidos*, Tocqueville
113. *Émile e Sophie ou os solitários*, Rousseau
114. *Manifesto comunista*, Marx e Engels
115. *A fábrica de robôs*, Karel Tchápek
116. *Sobre a filosofia e seu método — Parerga e paralipomena (v. II, t. I)*, Schopenhauer
117. *O novo Epicuro: as delícias do sexo*, Edward Sellon
118. *Revolução e liberdade: cartas de 1845 a 1875*, Bakunin
119. *Sobre a liberdade*, Mill
120. *A velha Izerguil e outros contos*, Górki
121. *Pequeno-burgueses*, Górki
122. *Um sussurro nas trevas*, H.P. Lovecraft
123. *Primeiro livro dos Amores*, Ovídio
124. *Educação e sociologia*, Durkheim
125. *Elixir do pajé — poemas de humor, sátira e escatologia*, Bernardo Guimarães
126. *A nostálgica e outros contos*, Papadiamántis
127. *Lisístrata*, Aristófanes
128. *A cruzada das crianças/ Vidas imaginárias*, Marcel Schwob
129. *O livro de Monelle*, Marcel Schwob
130. *A última folha e outros contos*, O. Henry
131. *Romanceiro cigano*, Lorca
132. *Sobre o riso e a loucura*, [Hipócrates]
133. *Hino a Afrodite e outros poemas*, Safo de Lesbos
134. *Anarquia pela educação*, Élisée Reclus
135. *Ernestine ou o nascimento do amor*, Stendhal
136. *A cor que caiu do espaço*, H.P. Lovecraft
137. *Odisseia*, Homero
138. *O estranho caso do Dr. Jekyll e Mr. Hyde*, Stevenson
139. *História da anarquia (vol. 2)*, Max Nettlau
140. *Eu*, Augusto dos Anjos
141. *Farsa de Inês Pereira*, Gil Vicente
142. *Sobre a ética — Parerga e paralipomena (v. II, t. II)*, Schopenhauer
143. *Contos de amor, de loucura e de morte*, Horacio Quiroga
144. *Memórias do subsolo*, Dostoiévski

145. *A arte da guerra*, Maquiavel
146. *O cortiço*, Aluísio Azevedo
147. *Elogio da loucura*, Erasmo de Rotterdam
148. *Oliver Twist*, Dickens
149. *O ladrão honesto e outros contos*, Dostoiévski
150. *Cadernos: Esperança do mundo*, Albert Camus
151. *Cadernos: A desmedida na medida*, Albert Camus
152. *Cadernos: A guerra começou...*, Albert Camus
153. *Escritos sobre literatura*, Sigmund Freud
154. *O destino do erudito*, Fichte
155. *Diários de Adão e Eva*, Mark Twain
156. *Universidade, cidade e cidadania*, Franklin Leopoldo e Silva
157. *Tudo que eu pensei mas não falei na noite passada*, Anna P.
158. *A Vênus de quinze anos (Flossie)*, [Swinburne]
159. *O outro lado da moeda (Teleny)*, [Oscar Wilde]
160. *A vida de H.P. Lovecraft*, S.T. Joshi
161. *Os melhores contos de H.P. Lovecraft*
162. *Obras escolhidas*, Mikhail Bakunin
163. *1964: do golpe à democracia*, Angela Alonso e Miriam Dolhnikoff (org.)
164. *Dicionário de mitologia nórdica*, Johnni Langer (org.)
165. *Poesia vaginal — Cem sonnettos sacanas*, Glauco Mattoso
166. *A Vênus das peles*, Sacher-Masoch
167. *Perversão — A forma erótica do ódio*, Robert J. Stoller
168. *Os russos — Púchkin, Gógol, Dostoiévski, Tolstói, Tchekhov, Górki*, Luis Dolhnikoff (org.)
169. *O quarto poder: uma outra história*, Paulo Henrique Amorim
170. *A autobiografia do poeta-escravo*, Juan Francisco Manzano
171. *Os franceses — Voltaire, Rousseau, Maistre, Stendhal, Balzac, Baudelaire, Mallarmé, Maupassant, Proust*, Luis Dolhnikoff (org.)
172. *Os americanos — Hawthorne, Poe, Melville, Twain, H. James, O. Henry, London, Fitzgerald*, Luis Dolhnikoff (org.)
173. *Dilma Rousseff e o ódio político*, Tales Ab'Sáber
174. *O enigma Orides*, Gustavo de Castro
175. *Poesia completa*, Orides Fontela

F682 Fontela, Orides (1940–1998)
Poesia completa / Orides Fontela. Organização de Luis Dolhnikoff. – São Paulo: Hedra, 2015.

ISBN 978-85-7715-371-8

1. Literatura Brasileira. 2. Poesia. 3. Poesia Brasileira Contemporânea. 4. Transposição. 5. Helianto. 6. Alba. 7. Rosácea. 8. Teia. 9. Poemas Inéditos. I. Título. II. A áspera beleza da poesia que renovou o modernismo brasileiro. III. Fontela, Orides de Lourdes Teixeira (1940–1998). IV. Dolhnikoff, Luis, Organizador.

CDU 821.134.1(81)　　　　　　　　　　CDD B869.1

Catalogação elaborada por Ruth Simão Paulino

Adverte-se aos curiosos que se imprimiu este livro em nossas oficinas, em 19 de novembro de 2015, em tipologia Libertine, com diversos sofwares livres, entre eles, LuaLATEX, git & ruby.